junie b. jones®

주니 B. 존스와
살금살금 스파이 놀이

by BARBARA PARK

illustrated by
Denise Brunkus

CONTENTS

세상에서 가장 엉뚱하고 재미있는 아이, 주니 B. 존스의 좌충우돌 성장기!

『주니 B. 존스(Junie B. Jones)』 시리즈는 호기심 많은 개구쟁이 소녀 주니 B.가 일상에서 마주하는 다양한 상황을 재치 있게 담고 있습니다. 주니 B.는 언제나 자신의 감정을 솔직하게 표현하며, 재미있는 생각이 떠오르면 주저없이 실행에 옮기는 적극적인 여섯 살 소녀입니다. 이렇게 유쾌하고 재기 발랄한 주니 B. 존스의 성장기는 지금까지 전 세계적으로 6천 5백만 부 이상 판매되며 수많은 독자들에게 사랑받았고, 연극과 뮤지컬로 제작되기도 했습니다.

저자 바바라 파크(Barbara Park)는 첫 등교, 친구 관계, 동생에 대한 고민 등과 같이 일상 속 다양한 상황에서 아이들이 느끼는 감정을 그들의 시선으로 탁월하게 묘사했습니다. 특히 아이들이 영어로 말할 때 저지르기 쉬운 실수도 자연스럽게 녹여 내어, 이야기에 더욱 공감하게 합니다.

이러한 이유로 『주니 B. 존스』 시리즈는 '엄마표 영어'를 진행하는 부모님과 초보 영어 학습자에게 반드시 읽어야 할 영어원서로 자리 잡았습니다. 친근한 어휘와 쉬운 문장으로 쓰여 있어 더욱 몰입하여 읽을 수 있는 『주니 B. 존스』 시리즈는 영어원서가 친숙하지 않은 학습자들에게도 즐거운 원서 읽기 경험을 선사할 것입니다.

퀴즈와 단어장, 그리고 번역까지 담긴 알찬 구성의 워크북!

이 책은 영어원서 『주니 B. 존스』 시리즈에, 탁월한 학습 효과를 거둘 수 있도록 다양한 콘텐츠를 덧붙인 책입니다.

- 영어원서: 본문에 나온 어려운 어휘에 볼드 처리가 되어 있어 단어를 더욱 분명히 인지하며 자연스럽게 암기하게 됩니다.
- 단어장: 원서에 나온 어려운 어휘가 '한영'은 물론 '영영' 의미까지 완벽하게 정리되어 있으며, 반복되는 단어까지 표시하여 자연스럽게 복습이 되도록 구성했습니다.
- 번역: 영어와 비교할 수 있도록 직역에 가까운 번역을 담았습니다. 원서 읽기에 익숙하지 않은 초보 학습자도 어려움 없이 내용을 파악할 수 있습니다.
- 퀴즈: 챕터별로 내용을 확인하는 이해력 점검 퀴즈가 들어 있습니다.

『주니 B. 존스』, 이렇게 읽어 보세요!

● **단어 암기는 이렇게!** 처음 리딩을 시작하기 전, 해당 챕터에 나오는 단어를 눈으로 쭉 훑어봅니다. 모르는 단어는 좀 더 주의 깊게 보되, 손으로 쓰면서 완벽하게 암기할 필요는 없습니다. 본문을 읽으면서 이 단어를 다시 만나게 되는데, 그 과정에서 단어의 쓰임새와 어감을 자연스럽게 익히게 됩니다. 이렇게 책을 읽은 후에, 단어를 다시 한번 복습하세요. 복습할 때는 중요하다고 생각하는 단어들을 손으로 쓰면서 꼼꼼하게 외우는 것도 좋습니다. 이런 방식으로 책을 읽다 보면, 많은 단어를 빠르고 부담 없이 익히게 됩니다.

● **리딩할 때는 리딩에만 집중하자!** 원서를 읽는 중간중간 모르는 단어가 나온다고 워크북을 들춰 보거나, 곧바로 번역을 찾아보는 것은 매우 좋지 않은 습관입니다. 모르는 단어나 이해가 가지 않는 문장이 나온다고 해도 펜으로 가볍게 표시만 해 두고, 전체적인 맥락을 잡아 가며 빠르게 읽어 나가세요. 리딩을 할 때는 속도에 대한 긴장감을 잃지 않으면서 리딩에만 집중하는 것이 좋습니다. 모르는 단어와 문장은, 리딩이 끝난 후에 한꺼번에 정리하는 '리뷰' 시간을 통해 점검합니다. 리뷰를 할 때는 번역은 물론 단어장과 사전도 꼼꼼하게 확인하면서 왜 이해가 되지 않았는지 확인해 봅니다.

● **번역 활용은 이렇게!** 이해가 가지 않는 문장은 번역을 통해서 그 의미를 파악할 수 있습니다. 하지만 한국어와 영어는 정확히 1:1 대응이 되지 않기 때문에 번역을 활용하는 데에도 지혜가 필요합니다. 의역이 된 부분까지 억지로 의미를 대응해서 암기하려고 하기보다, 어떻게 그런 의미가 만들어진 것인지 추측하면서 번역은 참고 자료로 활용하는 것이 좋습니다.

● **2~3번 반복해서 읽자!** 영어 초보자라면 2~3회 반복해서 읽을 것을 추천합니다. 초보자일수록 처음 읽을 때는 생소한 단어와 스토리 때문에 내용 파악에 급급할 수밖에 없습니다. 하지만 일단 내용을 파악한 후에 다시 읽으면 어휘와 문장 구조 등 다른 부분까지 관찰하면서 조금 더 깊이 있게 읽을 수 있고, 그 과정에서 리딩 속도도 빨라지고 리딩 실력을 더 확고하게 다지게 됩니다.

● **'시리즈'로 꾸준히 읽자!** 한 작가의 책을 시리즈로 읽는 것 또한 영어 실력 향상에 큰 도움이 됩니다. 같은 등장인물이 다시 나오기 때문에 내용 파악이 더 수월할 뿐 아니라, 작가가 사용하는 어휘와 표현들도 자연스럽게 반복되기 때문에 탁월한 복습 효과까지 얻을 수 있습니다. 『주니 B. 존스』 시리즈는 현재 6권, 총 40,487단어 분량이 출간되어 있습니다. 시리즈를 꾸준히 읽다 보면 영어 실력도 자연스럽게 향상될 것입니다.

영어원서 본문 구성

내용이 담긴 본문입니다.
원어민이 읽는 일반 원서와 같은 텍스트지만, 암기해야 할 중요 어휘는 볼드체로 표시되어 있습니다. 이 어휘들은 지금 들고 계신 워크북에 챕터별로 정리되어 있습니다.

학습 심리학 연구 결과에 따르면, 한 단어씩 따로 외우는 단어 암기는 거의 효과가 없다고 합니다. 대신 단어를 제대로 외우기 위해서는 문맥(Context) 속에서 단어를 암기해야 하며, 한 단어 당 문맥 속에서 15번 이상 마주칠 때 완벽하게 암기할 수 있다고 합니다.

이 책의 본문은 중요 어휘를 볼드로 강조하여, 문맥 속의 단어들을 더 확실히 인지(Word Cognition in Context)하도록 돕고 있습니다. 또한 대부분의 중요한 단어는 다른 챕터에서도 반복해서 등장하기 때문에 이 책을 읽는 것만으로도 자연스럽게 어휘력을 향상시킬 수 있습니다.

또한 본문에는 내용 이해를 돕기 위해 '각주'가 첨가되어 있습니다. 각주는 굳이 암기할 필요는 없지만, 알아 두면 내용을 더 깊이 있게 이해할 수 있어 원서를 읽는 재미가 배가됩니다.

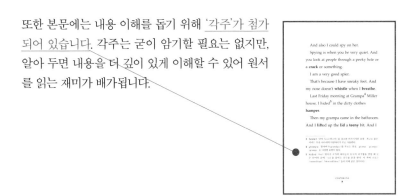

JUNIE B. JONES

워크북(Workbook)의 구성

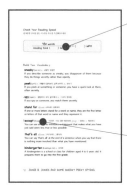

Check Your Reading Speed
해당 챕터의 단어 수가 기록되어 있어, 리딩 속도를 측정할 수 있습니다. 특히 리딩 속도를 중시하는 독자는 유용하게 사용할 수 있습니다.

Build Your Vocabulary
본문에 볼드 표시되어 있는 단어가 정리되어 있습니다. 리딩 전, 후에 반복해서 보면 원서를 더욱 쉽게 읽을 수 있고, 어휘력도 빠르게 향상됩니다.

단어는 〈빈도 - 스펠링 - 발음기호 - 품사 - 한국어 뜻 - 영어 뜻〉 순서로 표기되어 있으며 빈도 표시(★)가 많을수록 필수 어휘입니다. 반복해서 등장하는 단어는 빈도 대신 '복습'으로 표기되어 있습니다. 품사는 아래와 같이 표기했습니다.

n. 명사 | a. 형용사 | ad. 부사 | v. 동사
conj. 접속사 | prep. 전치사 | int. 감탄사 | idiom 숙어 및 관용구

Comprehension Quiz
간단한 퀴즈를 통해 읽은 내용에 대한 이해력을 점검해 볼 수 있습니다.

번역
영문과 비교할 수 있도록 최대한 직역에 가까운 번역을 담았습니다.

이 책의 수준과 타깃 독자

- ●**미국 원어민 기준**: 유치원 ~ 초등학교 저학년
- ●**한국 학습자 기준**: 초등학교 저학년 ~ 중학생
- ●**영어원서 완독 경험이 없는 초보 영어 학습자** (토익 기준 450~750점대)
- ●**비슷한 수준의 다른 챕터북**: Arthur Chapter Book, Flat Stanley, The Zack Files, Magic Tree House, Marvin Redpost
- ●**도서 분량**: 약 6,000단어

아이도 어른도 재미있게 읽는 영어원서를
〈롱테일 에디션〉으로 만나 보세요!

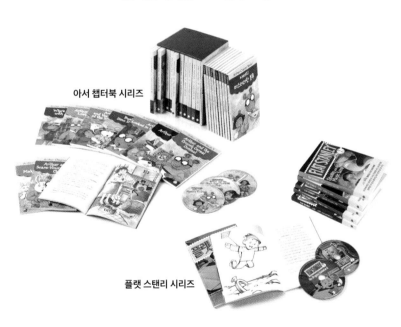

아서 챕터북 시리즈

플랫 스탠리 시리즈

Chapter 1

1. What did Junie B. wish?

A. She wished that she could spy on Mrs.

B. She wished that she lived far away from Mrs.

C. She wished that Mrs. were nicer.

D. She wished that Mrs. had a friend.

2. What was Junie B. good at doing?

A. Running really fast

B. Hiding very quietly

C. Listening carefully

D. Finding clues

3. What did Junie B. do to her grandpa?

   A. She jumped out and scared him.

   B. She locked him in the bathroom.

   C. She hid his teeth in the hamper.

   D. She taught him how to spy.

4. Why didn't Junie B.'s mother know that Junie B. woke up Ollie?

   A. Junie B. lied to her mother.

   B. Junie B. got Ollie to stop crying.

   C. Junie B. ran out of the room.

   D. Junie B. went into the closet.

5. What did Junie B. think of Grace?

   A. She was one of the best spiers in the world.

   B. She spied more often than Junie B. did.

   C. Her spying level was lower than Junie B.'s.

   D. She could learn how to spy well from Junie B.

Check Your Reading Speed

1분에 몇 단어를 읽는지 리딩 속도를 측정해 보세요.

$$\frac{780 \text{ words}}{\text{reading time (} \quad \text{) sec}} \times 60 = (\quad\quad) \text{ WPM}$$

Build Your Vocabulary

sneaky [sníːki] a. 교활한, 엉큼한
If you describe someone as sneaky, you disapprove of them because they do things secretly rather than openly.

peek [piːk] v. (재빨리) 훔쳐보다; 살짝 보이다; n. 엿보기
If you peek at something or someone, you have a quick look at them, often secretly.

* **spy** [spai] v. 염탐하다; 보다, 알아채다; n. 스파이, 정보원
If you spy on someone, you watch them secretly.

stand for idiom 나타내다; 옹호하다
If one or more letters stand for a word or name, they are the first letter or letters of that word or name and they represent it.

‡ **except** [iksépt] conj. ~이지만, ~라는 점만 제외하면; prep. ~ 외에는; v. 제외하다
You can use except to introduce a statement that makes what you have just said seem less true or less possible.

that's all idiom 그게 다이다, 그뿐이다
You can say 'that's all' at the end of a sentence when you say that there is nothing more involved than what you have mentioned.

kindergarten [kíndərgàːrtn] n. 유치원
A kindergarten is a school or class for children aged 4 to 6 years old. It prepares them to go into the first grade.

‡ **grade** [greid] n. 학년; 품질; 등급; v. 성적을 매기다; (등급을) 나누다
In the United States, a grade is a group of classes in which all the children are of a similar age.

‡ **silly** [síli] a. 어리석은, 바보 같은; 우스꽝스러운; n. 바보
If you say that someone or something is silly, you mean that they are foolish, childish, or ridiculous.

＊ **clap** [klæp] v. 박수를 치다; (갑자기·재빨리) 놓다; n. 박수; 쿵 하는 소리
When you clap, you hit your hands together to show appreciation or attract attention.

‡ **scare** [skɛər] v. 놀라게 하다; 무서워하다; n. 불안(감); 놀람, 공포
If something scares you, it frightens or worries you.

‡ **attention** [əténʃən] n. 주의, 주목; 관심, 흥미; int. 알립니다, 주목하세요
If you give someone or something your attention, you look at it, listen to it, or think about it carefully.

‡ **neighbor** [néibər] n. 이웃 (사람); 옆자리 사람; v. 이웃하다, 인접하다
Your neighbor is someone who lives near you.

‡ **crack** [kræk] n. (좁은) 틈; (갈라져 생긴) 금; v. 갈라지게 하다, 금이 가게 하다; 깨뜨리다, 부수다
A crack is a very narrow gap between two things, or between two parts of a thing.

‡ **whistle** [hwisl] v. 씩씩 소리를 내다; 휘파람을 불다; n. 씩씩 소리; 호루라기 (소리)
If the wind whistles around or through a place, it makes a high sound because it is blowing strongly.

‡ **breathe** [briːð] v. 호흡하다, 숨을 쉬다
When people or animals breathe, they take air into their lungs and let it out again.

hamper [hǽmpər] n. 빨랫감 바구니; (뚜껑이 있는) 바구니; v. 방해하다
A hamper is a container used for carrying dirty clothes and bed sheets and for storing them while they are waiting to be washed.

‡lift [lift] v. 들어 올리다, 올라가다; n. (차 등을) 태워 주기
If you lift something, you move it to another position, especially upward.

∗lid [lid] n. 뚜껑
A lid is the top of a box or other container which can be removed or raised when you want to open the container.

teeny [tí:ni] a. 아주 작은
If you describe something as teeny, you are emphasizing that it is very small.

∗pop [pap] v. 불쑥 나타나다; (눈이) 튀어나오다; 펑 하는 소리가 나다; n. 펑 (하는 소리)
If something pops, it suddenly appears, especially when not expected.

holler [hálər] v. 소리 지르다, 고함치다; n. 고함, 외침
If you holler, you shout loudly.

∗scream [skri:m] v. 비명을 지르다, 괴성을 지르다; n. 비명, 절규
When someone screams, they make a very loud, high-pitched cry, because they are in pain or are very frightened.

∗speedy [spí:di] a. 빠른, 신속한
A speedy process, event, or action happens or is done very quickly.

‡pressure [préʃər] n. 압력; 압박; v. 강요하다; 압력을 가하다 (blood pressure n. 혈압)
Your blood pressure is the amount of force with which your blood flows around your body.

that's it idiom 그만해라; 바로 그것이다; 다 끝났다
You can use 'that's it' when you are angry about a situation, and you do not want it to continue.

∗yell [jel] v. 고함치다, 소리 지르다; n. 고함, 외침
If you yell, you shout loudly, usually because you are excited, angry, or in pain.

growly [gráuli] a. 으르렁거리는; 화를 잘 내는
If you make a growly sound, you make a low noise in your throat like a dog or other animal.

nap [næp] n. 잠깐 잠, 낮잠; v. 잠깐 자다, 낮잠을 자다
If you have a nap, you have a short sleep, usually during the day.

take off idiom (옷 등을) 벗다, 벗기다; (붙어 있던 것을) 떼어 내다; 이륙하다
If you take something off, you remove it, especially a piece of clothing from your body.

tiptoe [típtòu] v. (= tippy-toe) 발끝으로 (살금살금) 걷다; n. 발끝, 까치발
If you tiptoe somewhere, you walk there very quietly without putting your heels on the floor when you walk.

bar [ba:r] n. 막대; 장애물; v. 빗장을 지르다; 막다, 차단하다
A bar is a long, straight, stiff piece of metal. Bars are often used to stop someone from getting through a space.

crib [krib] n. 아기 침대; 구유, 여물통
A crib is a bed for a small baby.

accidental [æksədéntl] a. 우연한, 돌발적인 (accidentally ad. 우연히, 뜻하지 않게)
An accidental event happens by chance or as the result of an accident, and is not deliberately intended.

blow [blou] v. (blew-blown) (입으로) 불다; (바람·입김에) 날리다; 폭파하다; n. 강타
If you blow, you send out a stream of air from your mouth.

tickle [tikl] v. 간지럼을 태우다; 간질간질하다; 재미있게 하다; n. (장난으로) 간지럽히기
When you tickle someone, you move your fingers lightly over a sensitive part of their body, often in order to make them laugh.

closet [klázit] n. 벽장
A closet is a piece of furniture with doors at the front and shelves inside, which is used for storing things.

ride [raid] v. (rode-ridden) (말·차량 등을) 타다; n. (말·차량 등을) 타고 달리기
When you ride a vehicle such as a car, you travel in it, especially as a passenger.

brag [bræg] v. (심하게) 자랑하다
If you brag, you say in a very proud way that you have something or have done something.

hardly [háːrdli] ad. 거의 ~할 수가 없다; 거의 ~이 아니다; ~하자마자
When you say you can hardly do something, you are emphasizing that it is very difficult for you to do it.

pat [pæt] v. 쓰다듬다, 토닥거리다; n. 쓰다듬기, 토닥거리기
If you pat something or someone, you tap them lightly, usually with your hand held flat.

huff [hʌf] n. (화가 나서) 씩씩거림; v. (화가 나서) 씩씩거리다
If someone is in a huff, they are behaving in a bad-tempered way because they are annoyed and offended.

race [reis] v. 경주하다; 쏜살같이 가다; (머리·심장 등이) 바쁘게 돌아가다; n. 경주; 인종, 종족
If you race, you take part in a competition to see who is the fastest, for example in running, swimming, or driving.

playground [pléigràund] n. (학교의) 운동장; 놀이터
A playground is a piece of land, at school or in a public area, where children can play.

beat [biːt] v. (beat-beaten) 이기다; 때리다; (심장이) 고동치다; n. 리듬; 고동, 맥박
If you beat someone in a competition or election, you defeat or do better than them.

count [kaunt] v. 인정하다; (수를) 세다; 중요하다; 간주하다; n. 수치; 셈, 계산
If something counts, it is officially accepted.

polite [pəláit] a. 예의 바른, 공손한, 정중한; 예의상의
Someone who is polite has good manners and behaves in a way that is socially correct and not rude to other people.

Chapter

2

1. **According to Lucille, why couldn't students know about teachers' homes?**

   A. Teachers' homes were messy.

   B. Teachers' homes were not easy to explain.

   C. Teachers' homes were a secret.

   D. Teachers did not live in regular homes.

2. **What would happen on Grandparents' Day?**

   A. Grandparents would do work with the kids.

   B. Grandparents would receive gifts from the kids.

   C. Grandparents would bake cookies for the school.

   D. Grandparents would visit the school.

3. What was Junie B.'s idea?

A. To make cookies all by herself

B. To bring cookies to her teacher's home

C. To drive to her teacher's home with her grandparents

D. To write a note to her grandparents

4. What was one thing that Junie B. asked Mrs.?

A. She asked what time Mrs. went to bed.

B. She asked how much money Mrs. had.

C. She asked if Mrs. liked her family.

D. She asked what color Mrs.'s wallet was.

5. What did Mrs. do?

A. She promised to answer Junie B.'s questions later.

B. She asked Junie B. a lot of questions.

C. She said that her house was like everyone else's.

D. She gave no information about her home.

Check Your Reading Speed

1분에 몇 단어를 읽는지 리딩 속도를 측정해 보세요.

$$\frac{814 \ words}{reading \ time \ (\qquad) \ sec} \times 60 = (\qquad) \ WPM$$

Build Your Vocabulary

^{복습} **neighbor** [néibər] n. 옆자리 사람; 이웃 (사람); v. 이웃하다, 인접하다
You can refer to the person who is standing or sitting next to you as your neighbor.

^{복습} **except** [iksépt] conj. ~이지만, ~라는 점만 제외하면; prep. ~ 외에는; v. 제외하다
You can use except to introduce a statement that makes what you have just said seem less true or less possible.

★ **whisper** [hwíspər] v. 속삭이다, 소곤거리다; n. 속삭임, 소곤거리는 소리
When you whisper, you say something very quietly, using your breath rather than your throat, so that only one person can hear you.

^{복습} **grade** [greid] n. 학년; 품질; 등급; v. 성적을 매기다; (등급을) 나누다
In the United States, a grade is a group of classes in which all the children are of a similar age.

★ **rotten** [ratn] a. 썩은, 부패한; 형편없는, 끔찍한
If food, wood, or another substance is rotten, it has decayed and can no longer be used.

^{복습} **huff** [hʌf] n. (화가 나서) 씩씩거림; v. (화가 나서) 씩씩거리다
If someone is in a huff, they are behaving in a bad-tempered way because they are annoyed and offended.

^{복습} **hamper** [hǽmpər] n. 빨랫감 바구니; (뚜껑이 있는) 바구니; v. 방해하다
A hamper is a container used for carrying dirty clothes and bed sheets and for storing them while they are waiting to be washed.

that's all idiom 그게 다이다, 그뿐이다
You can say 'that's all' at the end of a sentence when you say that there is nothing more involved than what you have mentioned.

fist [fist] n. 주먹
Your hand is referred to as your fist when you have bent your fingers in toward the palm in order to hit someone, to make an angry gesture, or to hold something.

fold [fould] v. 접다, 접히다; (두 손·팔 등을) 끼다; n. 주름; 접힌 부분 (unfold v. 펴다)
If someone unfolds something which has been folded or if it unfolds, it is opened out and becomes flat.

accidental [æksədéntl] a. 우연한, 돌발적인 (accidentally ad. 우연히, 뜻하지 않게)
An accidental event happens by chance or as the result of an accident, and is not deliberately intended.

rub [rʌb] v. (손·손수건 등을 대고) 문지르다; (두 손 등을) 맞비비다; n. 문지르기, 비비기
If you rub an object or a surface, you move a cloth backward and forward over it in order to clean or dry it.

refreshment [rifréʃmənt] n. (pl.) 가벼운 음식물, 다과; 원기 회복
Refreshments are drinks and small amounts of food that are provided, for example, during a meeting or a trip.

beverage [bévəridʒ] n. (물 외의) 음료
Beverages are drinks except water.

ceiling [síːliŋ] n. 천장
A ceiling is the horizontal surface that forms the top part or roof inside a room.

holler [hálər] v. 소리 지르다, 고함치다; n. 고함, 외침
If you holler, you shout loudly.

rumple [rʌmpl] v. (머리털 등을) 헝클어 놓다; (옷·종이 등을) 구기다; n. 구김살, 주름
If you rumple someone's hair, you move your hand backward and forward through it as your way of showing affection to them.

✼ regular [régjulər] a. 일반적인, 평범한; 규칙적인; n. 단골손님, 고정 고객
Regular is used to mean 'normal.'

✼ compartment [kəmpáːrtmənt] n. (물건 보관용) 칸; 객실
A compartment is one of the separate parts of an object that is used for keeping things in.

✼ dumb [dʌm] a. 멍청한, 바보 같은; 말을 못 하는
If you say that something is dumb, you think that it is silly and annoying.

✼ lip [lip] n. 입술; 테두리
Your lips are the two outer parts of the edge of your mouth.

✼ mean [miːn] v. ~할 작정으로 말하다; 의미하다; a. 못된, 심술궂은
If you say that you mean what you are saying, you are telling someone that you are serious about it and are not joking, exaggerating, or just being polite.

✼ settle [setl] v. 진정되다, 진정시키다; (논쟁 등을) 해결하다; 자리를 잡다
(settle down idiom 진정하다)
If you settle down, or if you make someone settle down, you become quiet and calm, or to make them quiet and calm.

✼ mystery [místəri] n. 수수께끼, 미스터리; 추리(물), 범죄(물)
A mystery person or thing is one whose identity or nature is not known.

Chapter
3

1. Why was Grandma Miller at Junie B.'s house?

A. To take care of Junie B. and her brother

B. To bake cookies with Junie B.

C. To give a message to Junie B.'s mother

D. To get ready for Grandparents' Day

2. Why was Junie B. confused about what her grandma said?

A. She thought that cats could live forever.

B. She thought that cats were smart animals.

C. She did not know how curiosity killed the cat.

D. She did not believe that a cat could be curious.

3. What did the note say?

A. Junie B. was making trouble at school.

B. Junie B. was invited to her teacher's home.

C. The cookies could be bought at a store.

D. The cookies should be brought to the school.

4. According to Junie B., why did she have to go to her teacher's house?

A. So that she could get help with her Grandparents' Day project

B. So that she share her mother's cookie recipe

C. So that an ice cream truck would not run her over

D. So that everyone would know that she was the best spier

5. What did Junie B.'s mother say about Mrs.?

A. She did not like visitors.

B. She was a normal person.

C. She had many secrets.

D. She had a strange family.

Check Your Reading Speed

1분에 몇 단어를 읽는지 리딩 속도를 측정해 보세요.

$$\frac{593 \text{ words}}{\text{reading time (\quad) sec}} \times 60 = (\qquad) \text{ WPM}$$

Build Your Vocabulary

^복_습 **mystery** [místəri] n. 수수께끼, 미스터리; 추리(물), 범죄(물)
A mystery person or thing is one whose identity or nature is not known.

^복_습 **ride** [raid] v. (rode-ridden) (말·차량 등을) 타다; n. (말·차량 등을) 타고 달리기
When you ride a vehicle such as a car, you travel in it, especially as a passenger.

⋆ **curiosity** [kjùəriásəti] n. 호기심
Curiosity is a desire to know about something.

⋆ **wrinkle** [riŋkl] v. 주름을 잡다, 찡그리다; 주름이 생기다; n. 주름
When you wrinkle your nose or forehead, or when it wrinkles, you tighten the muscles in your face so that the skin folds.

⋆ **eyebrow** [áibràu] n. 눈썹
Your eyebrows are the lines of hair which grow above your eyes.

^복_습 **pat** [pæt] v. 쓰다듬다, 토닥거리다; n. 쓰다듬기, 토닥거리기
If you pat something or someone, you tap them lightly, usually with your hand held flat.

^복_습 **huff** [hʌf] n. (화가 나서) 씩씩거림; v. (화가 나서) 씩씩거리다
If someone is in a huff, they are behaving in a bad-tempered way because they are annoyed and offended.

whistle [hwisl] v. 씩씩 소리를 내다; 휘파람을 불다; n. 씩씩 소리; 호루라기 (소리)
If the wind whistles around or through a place, it makes a high sound because it is blowing strongly.

speedy [spíːdi] a. 빠른, 신속한
A speedy process, event, or action happens or is done very quickly.

babysit [béibisit] v. (부모가 외출한 동안) 아이를 봐 주다
If you babysit for someone or babysit their children, you look after their children while they are out.

feed [fiːd] v. 밥을 먹이다, 먹이를 주다; n. (동물의) 먹이
If you feed a person or animal, you give them food to eat and sometimes actually put it in their mouths.

strain [strein] v. 물기를 빼다; 안간힘을 쓰다; n. 부담; 압박 (strained a. 물기를 뺀)
When you strain food, you separate the liquid part of it from the solid parts.

pea [piː] n. 완두(콩)
Peas are round green seeds which grow in long thin cases and are eaten as a vegetable.

shush [ʃʌʃ] v. 조용히 하라고 말하다; int. 쉿 (조용히 해)
If you shush someone, you tell them to be quiet by saying 'shush' or 'sh,' or by indicating in some other way that you want them to be quiet.

squish [skwiʃ] v. 찌부러뜨리다, 으깨다; 찌부러지다 (squished a. 찌부러진, 으깨진)
If something soft squishes or is squished, it is crushed out of shape when it is pressed.

run over idiom (사람·동물을) 차로 치다
To run over someone or something means to hit them with a vehicle and drive over them.

sink [siŋk] n. (부엌의) 개수대, 세면대; v. 가라앉다, 빠지다; 파다
A sink is a large fixed container in a kitchen or bathroom, with faucets to supply water.

no way idiom 절대로 안 돼, 싫어; 절대로 ~ 아니다
You can say 'no way' as an emphatic way of saying 'no.'

⋆ **frown** [fraun] n. 찡그림, 찌푸림; v. 얼굴을 찡그리다; 눈살을 찌푸리다
A frown is an expression on your face when you move your eyebrows
together because you are angry, unhappy, or confused.

복습 **regular** [régjulər] a. 일반적인, 평범한; 규칙적인; n. 단골손님, 고정 고객
Regular is used to mean 'normal.'

⋆ **bother** [báðər] v. 신경 쓰이게 하다; 귀찮게 말을 걸다; 신경 쓰다; n. 성가심
If something bothers you, or if you bother about it, it worries, annoys,
or upsets you.

⋆ **stamp** [stæmp] v. (발을) 구르다; 쾅쾅거리며 걷다; (도장 등을) 찍다; n. (발을) 쿵쾅거리기; 도장
If you stamp or stamp your foot, you lift your foot and put it down very
hard on the ground, for example because you are angry.

복습 **dumb** [dʌm] a. 멍청한, 바보 같은; 말을 못 하는
If you say that something is dumb, you think that it is silly and annoying.

복습 **rule** [ru:l] n. 규칙, 규정; 지배, 통치; v. 지배하다, 통치하다
Rules are instructions that tell you what you are allowed to do and what
you are not allowed to do.

⋆ **pillow** [pílou] n. 베개
A pillow is a rectangular cushion which you rest your head on when
you are in bed.

Chapter
4

1. Why couldn't Junie B. open a bag of food and eat it at the grocery store?

A. It was bad manners not to share.

B. It was like stealing food.

C. She might get a stomachache.

D. She might make a mess.

2. What did Junie B. do because she was mad?

A. She called her mother a meanie.

B. She knocked bags off a shelf.

C. She threw cookie mix in the cart.

D. She yelled about not visiting her teacher.

3. What did Junie B. think about apologies?

A. They did not have to be honest.

B. They made everyone feel better.

C. They were necessary but not easy.

D. They happened too often.

4. What did Junie B. say about using the water fountain?

A. She could not reach the water spout without help.

B. She used the water fountain at school all the time.

C. She would get splashed with water if she was not careful.

D. She had to drink slowly so that she would not get sick.

5. When did Junie B. see Mrs.?

A. When she was looking at cereal

B. When she was opening the store door

C. When she was walking back to the cookie aisle

D. When she was sitting at the water fountain

Check Your Reading Speed

1분에 몇 단어를 읽는지 리딩 속도를 측정해 보세요.

$$\frac{844 \text{ words}}{\text{reading time ( ) sec}} \times 60 = (\quad) \text{ WPM}$$

Build Your Vocabulary

⋆ **stuff** [stʌf] n. 것, 물건, 일; v. 채워 넣다; 쑤셔 넣다
You can use stuff to refer to things such as a substance, a collection of things, events, or ideas, or the contents of something in a general way without mentioning the thing itself by name.

⋆ **grocery** [gróusəri] n. (= grocery store) 식료품 잡화점; (pl.) 식료 잡화류
A grocery or a grocery store is a small store that sells foods such as flour, sugar, and canned goods.

복습 **rule** [ru:l] n. 규칙, 규정; 지배, 통치; v. 지배하다, 통치하다
Rules are instructions that tell you what you are allowed to do and what you are not allowed to do.

복습 **holler** [hálər] v. 소리 지르다, 고함치다; n. 고함, 외침
If you holler, you shout loudly.

meanie [mí:ni] n. 심술쟁이, 쩨쩨한 사람
A meanie is used especially by children to describe someone who is unkind, unpleasant, or not generous.

yank [jæŋk] v. 홱 잡아당기다; n. 홱 잡아당기기
If you yank someone or something somewhere, you pull them there suddenly and with a lot of force.

‡ **steal** [sti:l] v. 훔치다, 도둑질하다; 살며시 움직이다
If you steal something from someone, you take it away from them without their permission and without intending to return it.

★entire [intáiər] a. 전체의, 완전한, 온전한
You use entire when you want to emphasize that you are referring to the whole of something, for example, the whole of a place, time, or population.

except [iksépt] conj. ~이지만, ~라는 점만 제외하면; prep. ~ 외에는; v. 제외하다
You can use except to introduce a statement that makes what you have just said seem less true or less possible.

that's all idiom 그게 다이다, 그뿐이다
You can say 'that's all' at the end of a sentence when you say that there is nothing more involved than what you have mentioned.

by oneself idiom 도움을 받지 않고; 혼자
If you do something by yourselves or all by yourselves, you do it without any help from anybody else.

✾knock [nak] v. 치다, 부딪치다; (문 등을) 두드리다; n. 부딪침; 문 두드리는 소리
If you knock something, you touch or hit it roughly, especially so that it falls or moves.

✾shelf [ʃelf] n. 선반; 책꽂이, (책장의) 칸
A shelf is a flat piece of wood, plastic, metal, or glass that is attached to the wall or is part of a piece of furniture, used for putting things on.

★aisle [ail] n. 통로
An aisle is a long narrow gap that people can walk along between rows of seats in a public building.

★sample [sæmpl] n. 견본품; 표본; v. 맛보다; 표본 조사를 하다
A sample of a substance or product is a small quantity of it that shows you what it is like.

freebie [fríːbi] n. 공짜로 주는 것, 경품
A freebie is something that you are given, without having to pay for it, as a ticket to a performance or sporting event or a free sample at a store.

⚹ disappoint [dìsəpɔ́int] v. 실망시키다, 실망을 안겨 주다 (disappointed a. 실망한)
If you are disappointed, you are sad because something has not
happened or because something is not as good as you had hoped.

⚹ shoulder [ʃóuldər] n. 어깨; (옷의) 어깨 부분
Your shoulder is one of the two parts of your body between your neck
and the top of your arms.

복습 frown [fraun] n. 찡그림, 찌푸림; v. 얼굴을 찡그리다; 눈살을 찌푸리다
A frown is an expression on your face when you move your eyebrows
together because you are angry, unhappy, or confused.

복습 rumple [rʌmpl] v. (머리털 등을) 헝클어 놓다; (옷·종이 등을) 구기다; n. 구김살, 주름
If you rumple someone's hair, you move your hand backward and
forward through it as your way of showing affection to them.

⚹⚹ exact [igzǽkt] a. 정확한; 꼼꼼한, 빈틈없는 (exactly ad. 정확히, 틀림없이)
You use exactly with a question to show that you disapprove of what
the person you are talking to is doing or saying.

put up with idiom (짜증스럽거나 불쾌한 것을) 참다, 받아들이다
If you put up with someone or something that are annoying or
unpleasnat, you accept them without complaining.

⚹ apology [əpálədʒi] n. 사죄, 사과
An apology is something that you say or write in order to tell someone
that you are sorry that you have hurt them or caused trouble for them.

복습 mean [mi:n] v. ~할 작정으로 말하다; 의미하다; a. 못된, 심술궂은
If you say that you mean what you are saying, you are telling someone
that you are serious about it and are not joking, exaggerating, or just
being polite.

water fountain [wɔ́:tər fàuntən] n. (분수식) 식수대
A water fountain is a machine in a park or other public place that provides
drinking water when you push a button.

⚹ hop [hap] v. 급히 움직이다; 깡충깡충 뛰다; (비행기·버스·기차 등에) 타다; n. 깡충깡충 뛰기
If you hop somewhere, you move there quickly or suddenly.

spout [spaut] n. (주전자 등의) 주둥이; (액체의) 분출; v. 뿜어져 나오다
A spout is a long, hollow part of a container through which liquids can be poured out easily.

‡ **germ** [dʒəːrm] n. 세균, 미생물
A germ is a very small organism that causes disease.

‡‡ **proud** [praud] a. 자랑스러워하는, 자랑스러운; 오만한, 거만한
If you feel proud, you feel pleased about something good that you possess or have done, or about something good that a person close to you has done.

‡ **bend** [bend] v. (bent-bent) (몸·머리를) 굽히다, 숙이다; 구부리다; n. (도로·강의) 굽은 곳
When you bend, you move the top part of your body downward and forward.

★ **wipe** [waip] v. (먼지·물기 등을) 닦다; 지우다; n. 닦기
If you wipe dirt or liquid from something, you remove it, for example by using a cloth or your hand.

★ **stomachache** [stʌ́məkèik] n. 복통, 배탈
If you have a stomachache, you have a pain in your stomach.

★ **spit** [spit] v. (침·음식 등을) 뱉다; n. 침; (침 등을) 뱉기 (spit up idiom 토하다, 게우다)
If someone, especially a baby, spits up, they bring a small amount of food or drink up from their stomach out through their mouth.

복습 **playground** [pléigràund] n. (학교의) 운동장; 놀이터
A playground is a piece of land, at school or in a public area, where children can play.

sickish [síkiʃ] a. 토할 것 같은, 메스꺼운
If you feel sickish, you are somewhat ill and about to vomit.

‡‡ **rest** [rest] v. 쉬게 하다, 쉬다; 기대다; n. 나머지; 휴식, 수면
If you rest or if you rest your body, you do not do anything active for a time.

pop [pap] v. (눈이) 튀어나오다; 불쑥 나타나다; 펑 하는 소리가 나다; n. 펑 (하는 소리)

If your eyes pop or pop out, they suddenly open fully because you are surprised or excited.

real live [ríːəl làiv] a. 실물의, 진짜의

You use real live to say that someone or something is present or exists, when you want to indicate that you think this is exciting and unusual or unexpected.

Chapter
5

1. **Why didn't Junie B. tell her mother about Mrs.?**

   A. Her mother was busy shopping.

   B. Her mother would not believe her.

   C. Her mother did not want her to spy.

   D. Her mother would want to say hi.

2. **What did Junie B. end up telling her mother?**

   A. She had to get more cookie mix.

   B. She had to drink more water.

   C. She had to find some chocolate milk.

   D. She had to tie her shoe.

3. What happened when Mrs. and the man kissed?

A. Everyone in the store stared.

B. Everyone in the store laughed.

C. Junie B. ran away quickly.

D. Junie B. thought that it was embarrassing.

4. What shocked Junie B. the most?

A. Mrs. ate some grapes that she had not bought.

B. Mrs. touched some grapes and then put them back.

C. Mrs. dropped some grapes but did not pick them up.

D. Mrs. hit the man on the head with some grapes.

5. What did she think that teachers were supposed to do?

A. Stay at school

B. Prepare lessons

C. Follow rules

D. Be serious

Check Your Reading Speed

1분에 몇 단어를 읽는지 리딩 속도를 측정해 보세요.

$$\frac{523 \text{ words}}{\text{reading time ( ) sec}} \times 60 = (\qquad) \text{ wPM}$$

Build Your Vocabulary

sickish [síkiʃ] a. 토할 것 같은, 메스꺼운
If you feel sickish, you are somewhat ill and about to vomit.

water fountain [wɔ́:tər fáuntən] n. (분수식) 식수대
A water fountain is a machine in a park or other public place that provides drinking water when you push a button.

speedy [spí:di] a. 빠른, 신속한
A speedy process, event, or action happens or is done very quickly.

aisle [ail] n. 통로
An aisle is a long narrow gap that people can walk along between rows of seats in a public building.

all of a sudden idiom 갑자기
If something happens all of a sudden, it happens quickly and unexpectedly.

spy [spai] v. 염탐하다; 보다, 알아채다; n. 스파이, 정보원
If you spy on someone, you watch them secretly.

peek [pi:k] v. (재빨리) 훔쳐보다; 살짝 보이다; n. 엿보기
If you peek at something or someone, you have a quick look at them, often secretly.

spot [spat] v. 발견하다, 찾다, 알아채다; n. (특정한) 곳; (작은) 점
If you spot something or someone, you notice them.

disappear [dìsəpíər] v. 사라지다, 보이지 않게 되다; 없어지다; 실종되다
If someone or something disappears, they move somewhere where they can no longer be seen.

sneaky [sníːki] a. 교활한, 엉큼한
If you describe someone as sneaky, you disapprove of them because they do things secretly rather than openly.

stinky [stíŋki] a. 지독한, 역겨운; 악취가 나는
If you describe someone or something as stinky, you mean that they are extremely unpleasant or disgusting.

dumb [dʌm] a. 멍청한, 바보 같은; 말을 못 하는
If you say that something is dumb, you think that it is silly and annoying.

duck [dʌk] v. (머리나 몸을) 휙 수그리다; 급히 움직이다; n. [동물] 오리
If you duck, you move your head or the top half of your body quickly downward to avoid something that might hit you, or to avoid being seen.

yucky [jʌ́ki] a. 역겨운, 구역질 나는
If you describe a food or other substance as yucky, you mean that it disgusts you.

snatch [snætʃ] v. 잡아채다, 와락 붙잡다; 간신히 얻다; n. 잡아 뺏음, 강탈; 조각
If you snatch something or snatch at something, you take it or pull it away quickly.

shelf [ʃelf] n. 선반; 책꽂이, (책장의) 칸
A shelf is a flat piece of wood, plastic, metal, or glass that is attached to the wall or is part of a piece of furniture, used for putting things on.

grab [græb] v. (와락·단단히) 붙잡다; 급히 ~하다; n. 와락 잡아채려고 함
If you grab someone or something, you take or hold them with your hand suddenly, firmly, or roughly.

pretend [priténd] v. ~인 척하다, ~인 것처럼 굴다; ~라고 가장하다
If you pretend to do something, you behave in a particular way because you want someone to believe that something is true when it is not.

smooch [smuːʧ] n. (= smoochie) 키스; v. 키스하다; 키스하며 껴안다
A smooch is a kiss.

entire [intáiər] a. 전체의, 완전한, 온전한
You use entire when you want to emphasize that you are referring to the whole of something, for example, the whole of a place, time, or population.

cover [kávər] v. 가리다; 덮다; n. 덮개, 커버
If you cover something, you place something else over it in order to protect it, hide it, or close it.

ashamed [əʃéimd] a. (~여서) 부끄러운, 창피한
If you are ashamed of someone, you feel embarrassed to be connected with them, often because of their appearance or because you disapprove of something they have done.

on account of idiom ~ 때문에, ~해서
You use on account of to introduce the reason or explanation for something.

bunch [bʌnʧ] n. 다발, 송이, 묶음; (양·수가) 많음
A bunch of bananas or grapes is a group of them growing on the same stem.

whisper [hwíspər] v. 속삭이다, 소곤거리다; n. 속삭임, 소곤거리는 소리
When you whisper, you say something very quietly, using your breath rather than your throat, so that only one person can hear you.

upset [ʌpsét] a. 속상한, 마음이 상한; v. 속상하게 하다
If you are upset, you are unhappy or disappointed because something unpleasant has happened to you.

steal [stiːl] v. 훔치다, 도둑질하다; 살며시 움직이다
If you steal something from someone, you take it away from them without their permission and without intending to return it.

be supposed to idiom ~하기로 되어 있다
If you are supposed to do something, you are expected or required to do it according to a rule, a custom or an arrangement.

example [igzǽmpl] n. 모범, 본보기; 예, 사례
If you refer to a person or their behavior as an example to other people, you mean that they behave in a good or correct way that other people should copy.

stomach [stʌ́mək] n. 배, 복부, 위(胃)
You can refer to the front part of your body below your waist as your stomach.

lesson [lesn] n. (경험을 통한) 교훈; 수업, 교습; 과
You use lesson to refer to an experience which acts as a warning to you or an example from which you should learn.

Chapter
6

1. Why was Junie B. so quiet during dinner?

A. She did not have anything interesting to say.

B. She was still mad at her mother.

C. She was thinking about her grandma's cat.

D. She did not want to mention her teacher.

2. Why did Junie B. tell her friends that she had a secret?

A. She felt left out when they played without her.

B. She knew that she could trust them.

C. She thought that it was a rule to share secrets.

D. She needed their advice on what to do about the secret.

3. What did Lucille say about secrets?

A. Keeping secrets was dangerous for Junie B.'s head.

B. Keeping secrets was impossible to do.

C. She was not good at keeping secrets.

D. She kept all of her brother's secrets.

4. What did the nurse do when Junie B. ran to her office?

A. She told Junie B. to go back to class.

B. She asked Junie B. where she heard the secret.

C. She put a Band-Aid on Junie B.'s head.

D. She let Junie B. lie down and rest.

5. Why did Junie B. tell Principal her secret?

A. She agreed that they were friends and he could help.

B. She was explaining why she could not tell him the secret.

C. She finally gave up and decided to tell him everything.

D. She was worried that he would punish her for keeping a secret.

Check Your Reading Speed

1분에 몇 단어를 읽는지 리딩 속도를 측정해 보세요.

$$\frac{851 \text{ words}}{\text{reading time ( ) sec}} \times 60 = (\qquad) \text{ WPM}$$

Build Your Vocabulary

★ **squeeze** [skwiːz] v. (꼭) 쥐다, 짜다; (좁은 곳에) 비집고 들어가다; n. (꼭) 껴안기, 쥐기
If you squeeze something, you press it firmly, usually with your hands.

복습 **lip** [lip] n. 입술; 테두리
Your lips are the two outer parts of the edge of your mouth.

tattletale [tǽtltèil] n. 수다쟁이, 고자질쟁이; a. 고자질하는, 비밀을 폭로하는
A tattletale is a child who tells an adult what another child has done wrong.

★ **jail** [dʒeil] n. 교도소, 감옥; v. 수감하다
A jail is a place where criminals are kept in order to punish them, or where people waiting to be tried are kept.

★ **slippery** [slípəri] a. 미끄러운, 미끈거리는; 약삭빠른
Something that is slippery is smooth, wet, or oily and is therefore difficult to walk on or to hold.

★ **slip** [slip] v. 미끄러지다; 슬며시 가다; (슬며시) 놓다; n. (작은) 실수; 미끄러짐
(slip out idiom (비밀이) 무심코 튀어나오다)
If something, especially a secret, slips out, you say it without intending to.

복습 **accident** [ǽksidənt] n. 우연; 사고, 사건 (by accident idiom 우연히)
If something happens by accident, it happens completely by chance, without being planned or intended.

‡ tongue [tʌŋ] n. 혀; v. 혀로 핥다
Your tongue is the soft movable part inside your mouth which you use for tasting, eating, and speaking.

복습 squish [skwiʃ] v. 찌부러뜨리다, 으깨다; 찌부러지다 (squished a. 찌부러진, 으깨진)
If something soft squishes or is squished, it is crushed out of shape when it is pressed.

make a face idiom 얼굴을 일그러뜨리다
If you make a face, you show a feeling such as dislike or disgust by putting an exaggerated expression on your face.

chatty [ʧǽti] a. 수다스러운, 재잘거리는
Someone who is chatty talks a lot in a friendly, informal way.

복습 all of a sudden idiom 갑자기
If something happens all of a sudden, it happens quickly and unexpectedly.

‡ wave [weiv] n. (팔·손·몸을) 흔들기; 파도, 물결; v. (손·팔을) 흔들다; 손짓하다; 흔들리다
A wave is the action of raising your hand and moving it from side to side as a way of greeting someone.

복습 frown [fraun] v. 얼굴을 찡그리다; 눈살을 찌푸리다; n. 찡그림, 찌푸림
When someone frowns, their eyebrows become drawn together, because they are annoyed or puzzled.

복습 rule [ruːl] n. 규칙, 규정; 지배, 통치; v. 지배하다, 통치하다
Rules are instructions that tell you what you are allowed to do and what you are not allowed to do.

복습 except [iksépt] conj. ~이지만, ~라는 점만 제외하면; prep. ~ 외에는; v. 제외하다
You can use except to introduce a statement that makes what you have just said seem less true or less possible.

복습 stinky [stíŋki] a. 지독한, 역겨운; 악취가 나는
If you describe someone or something as stinky, you mean that they are extremely unpleasant or disgusting.

meanie [mí:ni] n. 심술쟁이, 쩨쩨한 사람
A meanie is used especially by children to describe someone who is unkind, unpleasant, or not generous.

by oneself idiom 혼자; 도움을 받지 않고
If you are by yourselves, or all by yourselves, you are alone.

★hip [hip] n. 둔부, 엉덩이
Your hips are the two areas at the sides of your body between the tops of your legs and your waist.

pressure [préʃər] n. 압력; 압박; v. 강요하다; 압력을 가하다
The pressure in a place or container is the force produced by the quantity of gas or liquid in that place or container.

blow [blou] v. 폭파하다; (입으로) 불다; (바람·입김에) 날리다; n. 강타
If someone blows something up or if it blows up, it is destroyed by an explosion.

holler [hálər] v. 소리 지르다, 고함치다; n. 고함, 외침
If you holler, you shout loudly.

upset [ʌpsét] a. 속상한, 마음이 상한; v. 속상하게 하다
If you are upset, you are unhappy or disappointed because something unpleasant has happened to you.

yell [jel] v. 고함치다, 소리 지르다; n. 고함, 외침
If you yell, you shout loudly, usually because you are excited, angry, or in pain.

★headache [hédeik] n. 두통
If you have a headache, you have a pain in your head.

★explode [iksplóud] v. 폭발하다; (강한 감정을) 터뜨리다; 갑자기 ~하다
If an object such as a bomb explodes or if someone or something explodes it, it bursts loudly and with great force, often causing damage or injury.

* calm [kɑːm] v. 진정시키다; 차분해지다; a. 침착한, 차분한; 잔잔한
(calm down idiom 진정하다)
If you calm down, or if someone calms you down, you become less angry, upset, or excited.

* principal [prínsəpəl] n. 교장; a. 주요한, 주된
The principal of a school or college is the person in charge of the school or college.

squirm [skwəːrm] v. (몸을) 꼼지락대다; 몹시 당혹해하다
If you squirm, you twist your body from side to side, usually because you are nervous or uncomfortable.

복습 fold [fould] v. (두 손·팔 등을) 끼다; 접다, 접히다; n. 주름; 접힌 부분
If you fold your arms or hands, you bring them together and cross or link them, for example, over your chest.

복습 disappoint [disəpɔ́int] v. 실망시키다, 실망을 안겨 주다 (disappointed a. 실망한)
If you are disappointed, you are sad because something has not happened or because something is not as good as you had hoped.

* pal [pæl] n. 친구; 이봐
Your pals are your friends.

* chuckle [ʧʌ́kl] n. 킬킬 웃기, 빙그레 웃기; v. 킬킬 웃다, 빙그레 웃다
A chuckle is a quiet laugh.

복습 bother [báðər] v. 신경 쓰이게 하다; 귀찮게 말을 걸다; 신경 쓰다; n. 성가심
If something bothers you, or if you bother about it, it worries, annoys, or upsets you.

huffy [hʌ́fi] a. 발끈 성내는, 확 토라진
Someone who is huffy is obviously annoyed or offended about something.

복습 accidental [æksədéntl] a. 우연한, 돌발적인 (accidentally ad. 우연히, 뜻하지 않게)
An accidental event happens by chance or as the result of an accident, and is not deliberately intended.

grocery [gróusəri] n. (= grocery store) 식료품 잡화점; (pl.) 식료 잡화류

A grocery or a grocery store is a small store that sells foods such as flour, sugar, and canned goods.

that's all idiom 그게 다이다, 그뿐이다

You can say 'that's all' at the end of a sentence when you say that there is nothing more involved than what you have mentioned.

smooth [smuːð] v. 매끈하게 하다, 반듯하게 펴다; a. 매끈한; 부드러운; (소리가) 감미로운

If you smooth something, you move your hands over its surface to make it smooth and flat.

Chapter 7

1. How did Principal and Mrs. find Junie B.?

A. They saw her go under the desk.

B. She told them that she was not hiding.

C. Mrs. knew exactly where she would hide.

D. Principal sat down and discovered her under the desk.

2. How did Mrs. react when she saw Junie B.?

A. She got mad at Junie B. for skipping class.

B. She calmly asked Junie B. about the grocery store.

C. She was disappointed about what Junie B. told Principal.

D. She sadly told Junie B. that she was in trouble.

3. Why did Mrs. eat a few grapes at the grocery store that day?

   A. She had not eaten all day.

   B. She thought that they were free samples.

   C. She was checking if they tasted okay.

   D. She was going to pay for them anyway.

4. What did Mrs. NOT say to Junie B.?

   A. She understood why Junie B. had been concerned.

   B. Teachers could follow different rules from kids.

   C. Junie B. knew what was right and wrong.

   D. Anyone could make a mistake.

5. Why were Mrs. and Principal suddenly unhappy?

   A. They had to apologize to Junie B.

   B. They realized that Mrs. still had to pay for the grapes.

   C. They could no longer pretend that they were perfect.

   D. They found out that Junie B. had spied on Mrs. a little longer.

Check Your Reading Speed

1분에 몇 단어를 읽는지 리딩 속도를 측정해 보세요.

$$\frac{848 \text{ words}}{\text{reading time ( ) sec}} \times 60 = (\qquad) \text{ wPM}$$

Build Your Vocabulary

✱ **sour** [sauər] a. (맛이) 신; (우유 등이) 상한; 시큼둥한; v. (관계가) 안 좋아지다
Something that is sour has a sharp, unpleasant taste like the taste of a lemon.

복습 **principal** [prínsəpəl] n. 교장; a. 주요한, 주된
The principal of a school or college is the person in charge of the school or college.

복습 **sneaky** [sníːki] a. 교활한, 엉큼한
If you describe someone as sneaky, you disapprove of them because they do things secretly rather than openly.

복습 **tattletale** [tǽtltèil] n. 수다쟁이, 고자질쟁이; a. 고자질하는, 비밀을 폭로하는
A tattletale is a child who tells an adult what another child has done wrong.

★ **giant** [dʒáiənt] a. 거대한, 엄청나게 큰; 비범한; n. 거인
Something that is described as giant is extremely large, strong, powerful, or important.

복습 **scare** [skɛər] v. 무서워하다; 놀라게 하다; n. 불안(감); 놀람, 공포
(scared a. 무서워하는, 겁먹은)
If you are scared of someone or something, you are frightened of them.

scary [skɛ́əri] a. 무서운, 겁나는
Something that is scary is rather frightening.

crack [kræk] v. 깨뜨리다, 부수다; 갈라지게 하다, 금이 가게 하다; n. (좁은) 틈; (갈라져 생긴) 금
When you crack something open, you break it open, especially in order to reach or use what is inside.

peek [piːk] v. (재빨리) 훔쳐보다; 살짝 보이다; n. 엿보기
If you peek at something or someone, you have a quick look at them, often secretly.

fist [fist] n. 주먹
Your hand is referred to as your fist when you have bent your fingers in toward the palm in order to hit someone, to make an angry gesture, or to hold something.

gulp [gʌlp] n. 꿀꺽 삼키기; v. 꿀꺽꿀꺽 삼키다; (숨을) 깊이 들이마시다
A gulp means an act of breathing in or of swallowing something.

teeny [tíːni] a. 아주 작은
If you describe something as teeny, you are emphasizing that it is very small.

yell [jel] v. 고함치다, 소리 지르다; n. 고함, 외침
If you yell, you shout loudly, usually because you are excited, angry, or in pain.

jail [dʒeil] n. 교도소, 감옥; v. 수감하다
A jail is a place where criminals are kept in order to punish them, or where people waiting to be tried are kept.

steal [stiːl] v. 훔치다, 도둑질하다; 살며시 움직이다
If you steal something from someone, you take it away from them without their permission and without intending to return it.

tongue [tʌŋ] n. 혀; v. 혀로 핥다
Your tongue is the soft movable part inside your mouth which you use for tasting, eating, and speaking.

^복_습 **slip** [slip] v. 미끄러지다; 슬며시 가다; (슬며시) 놓다; n. (작은) 실수; 미끄러짐
(slip out idiom (비밀이) 무심코 튀어나오다)
If something, especially a secret, slips out, you say it without intending to.

^복_습 **lip** [lip] n. 입술; 테두리
Your lips are the two outer parts of the edge of your mouth.

⋆ **tissue** [tíʃuː] n. 화장지; (세포) 조직
A tissue is a piece of thin soft paper that you use to blow your nose.

^복_습 **exact** [igzǽkt] a. 정확한; 꼼꼼한, 빈틈없는 (exactly ad. 정확히, 틀림없이)
You use exactly when you want to emphasize that something is correct in every way or in every detail.

^복_습 **whisper** [hwíspər] v. 속삭이다, 소곤거리다; n. 속삭임, 소곤거리는 소리
When you whisper, you say something very quietly, using your breath rather than your throat, so that only one person can hear you.

[‡][‡] **discover** [diskʌ́vər] v. 찾다, 알아내다; 발견하다; 발굴하다
If you discover something that you did not know about before, you become aware of it or learn of it.

^복_습 **eyebrow** [áibràu] n. 눈썹
Your eyebrows are the lines of hair which grow above your eyes.

^복_습 **rule** [ruːl] n. 규칙, 규정; 지배, 통치; v. 지배하다, 통치하다
Rules are instructions that tell you what you are allowed to do and what you are not allowed to do.

^복_습 **sample** [sæmpl] v. 맛보다; 표본 조사를 하다; n. 견본품; 표본
If you sample food or drink, you taste a small amount of it in order to find out if you like it.

⋆ **relieve** [rilíːv] v. 안도하게 하다; (불쾌감·고통 등을) 없애 주다; 완화하다 (relief n. 안도, 안심)
If you feel a sense of relief, you feel happy because something unpleasant has not happened or is no longer happening.

^복_습 **smooch** [smuːʃ] n. (= smoochie) 키스; v. 키스하다; 키스하며 껴안다
A smooch is a kiss.

^복_습 **entire** [intáiər] a. 전체의, 완전한, 온전한
You use entire when you want to emphasize that you are referring to the whole of something, for example, the whole of a place, time, or population.

^복_습 **spy** [spai] v. 염탐하다; 보다, 알아채다; n. 스파이, 정보원
If you spy on someone, you watch them secretly.

^복_습 **proud** [praud] a. 자랑스러워하는, 자랑스러운; 오만한, 거만한
If you feel proud, you feel pleased about something good that you possess or have done, or about something good that a person close to you has done.

Chapter 8

1. **What did Junie B.'s mother say on the phone?**

   A. Junie B. was not a real spy.

   B. Junie B. should never call her at work.

   C. She could not believe what Mrs. did at the grocery store.

   D. She did not want to receive future calls from Principal.

2. **Why did Junie B. hug Jim's grandma?**

   A. She wanted to hug all the grandparents.

   B. Jim would not give his grandma a hug.

   C. Jim's grandma offered Junie B. a hug.

   D. Mrs. suggested that everyone hug.

3. **What did the children do for Grandparents' Day?**

   A. They painted pictures with their grandparents.

   B. They read books with their grandparents.

   C. They asked questions about their grandparents' lives.

   D. They talked about their class activities.

4. **Why did Junie B. tell everyone about Mrs. kissing and stealing?**

   A. She was sharing an exciting story with the grandparents.

   B. She was proving that everyone had a secret.

   C. She was explaining that everyone made mistakes.

   D. She was pointing out that the class had a bad teacher.

5. **Why did everyone laugh?**

   A. Junie B. said something funny.

   B. Junie B. ate too many cookies.

   C. Mrs. looked so embarrassed.

   D. Mrs. was ignoring Junie B.

Check Your Reading Speed
1분에 몇 단어를 읽는지 리딩 속도를 측정해 보세요.

$$\frac{832 \text{ words}}{\text{reading time ( ) sec}} \times 60 = (\quad) \text{ WPM}$$

Build Your Vocabulary

^복_습 **kindergarten** [kíndərgà:rtn] n. 유치원
A kindergarten is a school or class for children aged 4 to 6 years old. It prepares them to go into the first grade.

^복_습 **principal** [prínsəpəl] n. 교장; a. 주요한, 주된
The principal of a school or college is the person in charge of the school or college.

^복_습 **grocery** [gróusəri] n. (= grocery store) 식료품 잡화점; (pl.) 식료 잡화류
A grocery or a grocery store is a small store that sells foods such as flour, sugar, and canned goods.

^복_습 **sneaky** [sní:ki] a. 교활한, 엉큼한
If you describe someone as sneaky, you disapprove of them because they do things secretly rather than openly.

^복_습 **peek** [pi:k] v. (재빨리) 훔쳐보다; 살짝 보이다; n. 엿보기
If you peek at something or someone, you have a quick look at them, often secretly.

^복_습 **spy** [spai] v. 염탐하다; 보다, 알아채다; n. 스파이, 정보원
If you spy on someone, you watch them secretly.

squeal [skwi:l] v. (경찰에) 밀고하다, 일러바치다; 꽥 하는 소리를 내다; n. 꽥 하는 소리
(**squealer** n. 밀고자, 고자질쟁이)
A squealer is a person who informs on someone to the police or a person in authority.

* groan [groun] n. 신음, 끙 하는 소리; v. (고통·짜증으로) 신음 소리를 내다; 끙끙거리다
A groan is a long low sound that a person makes, especially when they are in pain or unhappy.

except [iksépt] conj. ~이지만, ~라는 점만 제외하면; prep. ~ 외에는; v. 제외하다
You can use except to introduce a statement that makes what you have just said seem less true or less possible.

hang up idiom 전화를 끊다; ~을 중지하다
To hang up means to end a telephone conversation, often very suddenly.

speedy [spí:di] a. 빠른, 신속한
A speedy process, event, or action happens or is done very quickly.

* flag [flæg] n. 기, 깃발; v. 표시를 하다; 지치다
A flag is a piece of cloth which can be attached to a pole and which is used as a sign, signal, or symbol of something, especially of a particular country.

that's all idiom 그게 다이다, 그뿐이다
You can say 'that's all' at the end of a sentence when you say that there is nothing more involved than what you have mentioned.

blow [blou] v. (blew-blown) 폭파하다; (입으로) 불다; (바람·입김에) 날리다; n. 강타
If someone blows something up or if it blows up, it is destroyed by an explosion.

mean [mi:n] a. 못된, 심술궂은; v. ~할 작정으로 말하다; 의미하다
If someone is being mean, they are being unkind to another person, for example by not allowing them to do something.

fist [fist] n. 주먹
Your hand is referred to as your fist when you have bent your fingers in toward the palm in order to hit someone, to make an angry gesture, or to hold something.

scuffle [skʌfl] n. 실랑이, 옥신각신함; v. 실랑이를 벌이다, 옥신각신하다
A scuffle is a short and small fight that is not very violent.

accidental [æksədéntl] a. 우연한, 돌발적인 (accidentally ad. 우연히, 뜻하지 않게)
An accidental event happens by chance or as the result of an accident,
and is not deliberately intended.

tear [tɛər] ① v. (tore-torn) 찢다, 뜯다; 뜯어 내다; 질주하다; n. 찢어진 곳, 구멍 ② n. 눈물
If you tear paper, cloth, or another material, or if it tears, you pull it into
two pieces or you pull it so that a hole appears in it.

holler [hálər] v. 소리 지르다, 고함치다; n. 고함, 외침
If you holler, you shout loudly.

baldie [bɔ́:ldi] n. (= baldy) 대머리인 사람
People sometimes refer to a bald person as a baldie or baldy, especially
if they are talking about them or to them in a friendly or humorous way.

blond [bland] a. 금발의
If you describe someone's hair as blond, you mean that it is pale yellow
or golden.

fingernail [fíŋgərnèil] n. 손톱
Your fingernails are the thin hard areas at the end of each of your fingers.

dangle [dæŋgl] v. 매달리다, (무엇을 들고) 달랑거리다
If something dangles from somewhere or if you dangle it somewhere,
it hangs or swings loosely.

jewel [dʒú:əl] n. 보석; 귀중품
A jewel is a precious stone used to decorate valuable things that you
wear, such as rings or necklaces.

nanna [nǽnə] n. 할머니; 유모
Some people refer to their grandmother as their nan or nanna.

moneybag [mʌ́nibæ̀g] n. (pl.) 부자; 돈주머니, 지갑
If you describe someone as moneybags, you mean that they are very
rich.

✱ hug [hʌg] v. 껴안다, 포옹하다; n. 포옹
When you hug someone, you put your arms around them and hold them tightly, for example because you like them or are pleased to see them.

✱ tap [tæp] v. (가볍게) 톡톡 두드리다; n. (가볍게) 두드리기
If you tap something, you hit it with a quick light blow or a series of quick light blows.

✱ clap [klæp] v. 박수를 치다; (갑자기·재빨리) 놓다; n. 박수; 쿵 하는 소리
When you clap, you hit your hands together to show appreciation or attract attention.

✱ count [kaunt] v. (수를) 세다; 중요하다; 간주하다; 인정하다; n. 수치; 셈, 계산
To count means to say numbers in order, one by one, for example, to calculate the number of people or things in a group.

✱ recess [risés] n. (학교의) 쉬는 시간; (의회·위원회 등의) 휴회 기간
A recess is a short period of time during the school day when children can play.

snack [snæk] n. 간식; v. 간식을 먹다
A snack is something such as a chocolate bar that you eat between meals.

turn out idiom 되어 가다; ~인 것으로 드러나다; 나타나다
To turn out means to happen in a particular way, or to have a particular result, especially one that you did not expect.

stomp [stamp] v. 쿵쿵거리며 걷다; 발을 구르며 춤추다
If you stomp somewhere, you walk there with very heavy steps, often because you are angry.

✱ sign [sain] n. 몸짓, 신호; 표지판, 간판; 징후, 조짐; v. 서명하다; 신호를 보내다
A sign is a movement of your arms, hands, or head which is intended to have a particular meaning.

^{복습}**entire** [intáiər] a. 전체의, 완전한, 온전한
You use entire when you want to emphasize that you are referring to the whole of something, for example, the whole of a place, time, or population.

^{복습}**steal** [stiːl] v. (stole-stolen) 훔치다, 도둑질하다; 살며시 움직이다
If you steal something from someone, you take it away from them without their permission and without intending to return it.

^{복습}**bunch** [bʌnʧ] n. 다발, 송이, 묶음; (양·수가) 많음
A bunch of bananas or grapes is a group of them growing on the same stem.

＊**skin** [skin] n. 피부; (과일 등의) 껍질; v. (피부가) 까지다
Your skin is the natural covering of your body.

reddish [rédiʃ] a. 발그레한, 불그스름한
Reddish things are slightly red in color.

^{복습}**tongue** [tʌŋ] n. 혀; v. 혀로 핥다
Your tongue is the soft movable part inside your mouth which you use for tasting, eating, and speaking.

^{복습}**refreshment** [rifréʃmənt] n. (pl.) 가벼운 음식물, 다과; 원기 회복
Refreshments are drinks and small amounts of food that are provided, for example, during a meeting or a trip.

＊**announce** [ənáuns] v. 발표하다, 알리다; 선언하다 (announcement n. 발표)
An announcement is a statement made to the public or to the media which gives information about something that has happened or that will happen.

apiece [əpíːs] ad. 각각, 하나에
If people have a particular number of things apiece, they have that number each.

＊**extra** [ékstrə] n. 추가되는 것; a. 여분의; 추가의; 특별한; ad. 특별히
Extras are things that are not necessary in a situation, activity, or object, but that make it more comfortable, useful, or enjoyable.

^{복습}**polite** [pəláit] a. 예의 바른, 공손한, 정중한; 예의상의
Someone who is polite has good manners and behaves in a way that is socially correct and not rude to other people.

*[*]**positive** [pázətiv] a. 확신하는; 긍정적인; 분명한
If you are positive about something, you are completely sure about it.

^{복습}**hamper** [hǽmpər] n. 빨랫감 바구니; (뚜껑이 있는) 바구니; v. 방해하다
A hamper is a container used for carrying dirty clothes and bed sheets and for storing them while they are waiting to be washed.

1장 살금살금 스파이 놀이

내 이름은 주니 B. 존스(Junie B. Jones)입니다. B는 비어트리스(Beatrice)를 나타냅니다. 하지만 나는 비어트리스라는 이름을 좋아하지 않습니다. 나는 그냥 B를 좋아할 뿐이고 그게 다입니다.

나는 학교 유치부에 다닙니다. 학교 유치부는 1학년이 되기 전에 다니는 것입니다. 하지만 나는 왜 그것이 학교 유치부라는 그런 바보 같은 말로 불리는지 모르겠습니다. 왜냐면('cause) 내 생각에, 그것은 0학년이라고 불려야 하기 때문입니다.

나의 선생님은 선생님(Mrs.)이라는 이름을 가지고 있습니다.

또한, 그녀는 또 다른 이름도 있습니다. 하지만 나는 그냥 선생님이라는 이름이 좋고 그게 다예요.

선생님의 머리는 짧은 갈색입니다. 그리고 긴 모직 치마를 입죠. 그리고 그녀는 정말 많이 웃습니다.

하지만 가끔 내가 시끄럽게 하면, 그녀는 나를 향해 큰 소리로 손뼉을 칩니다.

그것은 나를 매우 놀라게 하곤 했습니다. 하지만 그러다가 나는 그 소리에 익숙해졌죠. 그리고 이제 나는 그것을 전혀 신경 쓰지도 않습니다.

나는 선생님이 내 옆집에 살았으면 좋겠습니다.

그러면 나와 그녀는 이웃이 되겠죠.

그리고 가장 친한 친구도요.

그리고 또 나는 그녀를 훔쳐볼 수도 있을 거예요.

훔쳐보기는 여러분이 정말 조용해지는 때를 말합니다. 그리고 엿보기 구멍이나 틈 같은 것으로 사람들을 보는 때를 말하죠.

나는 아주 훌륭한 훔쳐보기 대장입니다.

그것은 내가 살금살금 걷는 발을 가지고 있기 때문입니다. 그리고 내 코는 내가 숨 쉴 때 쌕쌕거리는 소리를 내지 않습니다.

지난 금요일 아침 밀러 할아버지(Grampa Miller)의 집에서, 나는 더러운 옷이 들어 있는 빨래 바구니 안에 숨었습니다.

그때 할아버지가 욕실로 들어왔습니다. 그리고 나는 뚜껑을 아주 살짝 들어 올렸습니다. 그런 다음 나는 내 눈으로 그를 엿보았죠.

그러고는 무슨 일이 있었는지 아세요?

밀러 할아버지가 그의 머리에서 자신의 이를 통째로 꺼냈습니다! 바로 그거예요!

나는 빨래 바구니에서 곧바로 튀어

나왔습니다!

"저기요! 할아버지! 그런 말도 안 되는 일은 도대체 어떻게 한 거예요!" 내가 소리 질렀습니다.

그러자 나의 할아버지는 아주 크게 비명을 질렀습니다. 그러고 나서 그는 정말 잽싸게 욕실을 뛰쳐나갔습니다.

내 생각에, 밀러 할아버지는 고혈압이 있는 것 같아요.

얼마 되지 않아 엄마가 성난 발걸음으로 서둘러 욕실에 들어왔습니다.

"그만해!" 그녀가 고함쳤습니다. "스파이 놀이는 이제 그만! 이번이 내가 너에게 마지막으로 말하는 거야! 내 말 듣고 있니, 아가씨? 듣고 있어?"

"네." 내가 말했습니다. "왜냐면 엄마가 내 귀에 대고 소리 지르고 있잖아요, 그래서 그렇죠."

그 후 엄마는 나를 집으로 데려갔습니다. 그런데 그녀는 계속해서 내게 화가 나 있었습니다.

"무언가 조용히 할 수 있는 일을 찾으렴." 그녀가 약간 으르렁거리듯 말했습니다. "네 남동생이 아침 낮잠을 자야 하니까 말이야."

그래서 그다음 나는 무엇을 할지 생각하고 또 생각했습니다. 그리고 정말 엄청난 생각이 내 머릿속에 떠올랐습니다.

먼저, 나는 내 시끄러운 신발을 벗었습니다. . .

그다음 나는 양말만 신은 발로 아기 올리(Ollie)의 방에 까치발로 들어갔습니다. . .

그리고 나는 아기 침대의 안전바 사이로 그를 훔쳐보았습니다.

왜냐면 그 무엇이 살금살금 스파이 놀이보다 조용할 수 있겠어요, 그렇고 말고요!

하지만 나는 아쉬웠습니다. 왜냐하면 그 엄청나게 따분한 아기가 그저 계속해서 자고 또 자고 있었기 때문입니다.

그리고 그는 재미있지 않았습니다.

그래서 결국 내가 우연히 그의 얼굴에 바람을 불게 된 것입니다.

그리고 나는 리본으로 그의 코를 간지립혔습니다.

그리고 나는 그의 귀에다 소리쳤습니다. "일어나!"

그리고 무슨 일이 있었게요? 올리가 그의 두 눈을 떴습니다, 바로 그거예요!

그 후 그는 아주 시끄럽게 울기 시작했습니다. 그러자 엄마가 그의 방으로 뛰어 들어왔습니다.

하지만 그녀는 나를 보지도 못했죠! 왜냐면 내가 잽싸게 옷장 안으로 숨었으니까요!

나는 혼자 웃었습니다. 나는 이 세상

에서 가장 훌륭한 훔쳐보기 대장이야, 나는 머릿속으로 말했습니다.

그래서—그날 내가 학교로 가는 버스를 탔을 때—나는 조금 자랑을 했습니다.

"나는 이 세상에서 가장 훌륭한 훔쳐보기 대장이야." 나는 그레이스(Grace)라는 나의 가장 친한 친구에게 말했습니다.

그런 다음 나는 내 신발을 벗었습니다. 그리고 나는 그녀에게 양말을 신은 나의 살금살금 걷는 발을 보여 주었습니다.

"보이지?" 내가 말했습니다. "내 발들이 얼마나 조용한지 보이지? 너는 저 녀석들이 내는 소리를 거의 들을 수도 없을 거야."

그 이후에, 나는 그녀를 향해 숨을 들이쉬고 내쉬었습니다.

"그리고 보이지? 내 코는 마찬가지로, 쌕쌕 소리도 안 나." 내가 말했습니다.

그 그레이스는 미소 지었습니다. "마찬가지로, 나도 훔쳐보기를 잘해." 그녀가 말했습니다.

나는 그녀를 토닥였습니다. "그래, 하지만 안타깝네, 그레이스. 그렇지만 너는 나만큼 잘할 수 없어. 왜냐면 내가 그걸 먼저 말했으니까."

그 그레이스는 내게 화난 숨을 내쉬

었습니다. 내 생각에, 그것은 발끈하기라고 하는 것 같습니다.

"나는 네 코가 쌕쌕거리는 게 들리는데, 그레이스." 내가 그녀에게 말했습니다.

바로 그때 버스가 학교에 도착했습니다. 그리고 나와 그 그레이스는 운동장까지 서로 달리기 시합을 했습니다.

그런데 그녀가 나를 이겼습니다. 하지만 그것은 인정되지 않았습니다. 왜냐면 내가 정말로 열심히 달린 것은 아니었기 때문입니다.

그다음에 우리는 루실(Lucille)이라는 나의 다른 가장 친한 친구와 함께 말처럼 뛰놀았습니다. 다만 얼마 지나지 않아 종이 울렸습니다. 그리고 우리는 모두 아주 재빠르게 9반(Room Nine)으로 뛰어갔습니다.

선생님은 우리를 기다리며 문 앞에 있었습니다.

"안녕하세요, 아가씨들." 그녀가 말했습니다.

"안녕하세요, 아가씨." 나는 정말 예의 바르게 답했습니다.

그러자 선생님은 내게 미소 지었습니다.

그것은 그녀가 내가 보았던 선생님들 중에 가장 멋진 선생님이기 때문입니다.

그리고 그래서 나는 나와 그녀가 가

장 친한 친구였으면 좋겠습니다.

그리고 이것도 아세요?

나는 내가 그녀의 빨래 바구니 안에 숨을 수 있었으면 좋겠습니다.

2장 질문들

나와 나의 가장 친한 친구 루실은 같은 책상에 함께 앉습니다.

나의 책상은 내가 똑바로 앉는 곳입니다.

그리고 나의 공부를 하는 곳이죠.

그리고 나의 옆자리 친구에게 말 걸지 않는 곳입니다.

하지만 나는 그 부분을 계속 까먹습니다.

"난 선생님이 어디 사는지 궁금한걸?" 나는 루실에게 아주 조용히 속삭였습니다.

"쉿." 루실이 말했습니다. "우리는 이 야기하면 안 되고 그렇지 않으면 우리가 혼나게 될 거야. 그리고 어쨌든, 네가 선생님이 어디에 사는지 알아서는 안 돼. 왜냐면 그건 비밀이거든."

"누가 그래?" 내가 물었습니다.

"누구긴, 우리 오빠가 그랬지. 그리고 오빠는 3학년이야. 그리고 오빠는 선생님들이 자신의 집을 비밀로 지켜야 한다고 말했어. 그렇지 않으면 아이

들이 그곳에 가서 썩은 토마토를 던질지도 모르니까."

나는 그녀에게 씩씩거렸습니다.

"그래, 그런데 나는 썩은 토마토를 던지고 싶은 게 아니야, 루실." 내가 설명했습니다. "나는 그냥 선생님의 빨래 바구니 안에 숨고 싶어, 그리고 그게 다야."

"상관 없어." 그녀가 말했습니다. "여전히 너는 그러면 안 돼. 왜냐면 우리 오빠가 그렇게 말했거든. 그리고 너보다 오빠가 더 많이 아니까. 그러니 그만해."

나는 화난 표정을 지었습니다. "그러니 그만해는 고운 말이 아니야, 루실." 내가 말했습니다.

그런 다음 나는 그녀에게 주먹을 쥐어 보였습니다. 하지만 선생님이 나를 보고 말았습니다. 그리고 그래서 나는 주먹을 펴야만 했습니다.

그 후 나는 굉장히 예의 바르게 행동했습니다. 나는 정말 꼿꼿이 앉아 있었습니다. 그리고 나는 내 공부를 다 했습니다.

공부는 여러분이 여러분의 머리와 연필을 쓰는 때입니다.

그런데 가끔 나는 실수로 지우개를 너무 세게 사용합니다. 그리고 내 종이에는 큰 구멍이 나기도 합니다.

"저기 선생님! 내가 오늘 정말 멋지

게 해냈어요!" 내가 큰 소리로 말했습니다. "왜 그런지 아세요? 구멍이 나지 않았거든요! 바로 그거예요!"

선생님은 내 책상으로 왔습니다. 그녀는 내 작품에 금색 별을 붙여 주었습니다.

"너 정말 멋지게 했구나, 주니 B." 그녀가 말했습니다. "어쩌면 선생님이 월요일에 있을 조부모님의 날 (Grandparents' Day)에 이것을 벽에 걸어도 되겠구나. 그렇게 할까?"

"네." 내가 말했습니다. "하지만 나는 그 사람들이 왜 이곳에 오는지 계속해서 까먹어요."

그러자 선생님은 나에게 조부모님의 날에 대해 전부 다시 설명해 주었습니다.

그녀는 우리들의 할아버지 할머니들이 방문하러 오는 것이라고 했습니다. 그리고 우리가 그들에게 9반을 보여 주게 될 것이라고 했습니다. 그리고 또 우리가 함께 다가('freshments)를 먹게 될 것이라고 했죠.

선생님은 다가가 쿠키와 음료스(abeverage)라고 말했습니다.

나는 내 손을 들었습니다.

"알겠어요. 그런데 나는 음료스라는 이름을 가진 그런 종류의 마실 것은 먹으면 안 될 것 같아요. 왜냐하면 나는 우유랑 주스만 마실 수 있고 그게 다니까요."

선생님은 그녀의 눈으로 천장을 올려다봤습니다. 그때 마찬가지로, 나도 그곳을 올려다봤습니다. 하지만 나는 아무것도 보지 못했습니다.

"여러분들 중 몇 명이나 월요일에 쿠키를 가져올 수 있죠?" 선생님이 물었습니다.

"내가 할 수 있어요! 내가 할 수 있어요!" 나는 매우 들떠 소리 질렀습니다. "왜냐하면 우리 엄마는 이 세상에서 가장 훌륭한 쿠키 요리사니까요, 바로 그렇기 때문이죠! 그런데 한번은 엄마가 오븐 안에 쿠키가 있던 걸 실수로 까먹은 거예요. 그래서 소방관들이 우리 집으로 와야만 했어요."

선생님이 웃었습니다. 하지만 나는 이유를 모르겠어요. 왜냐하면 그것은 재미있는 이야기가 아니었기 때문입니다.

그 후, 그녀는 내게 엄마에게 쓴 쪽지를 건네주었습니다. 내 생각에, 그것은 쿠키를 굽는 것에 관한 어떤 글이었던 것 같습니다.

"너희 어머니가 혹시 질문이 있으시다면, 내게 전화하시라고 엄마에게 꼭 말해 주렴." 선생님이 말했습니다.

바로 그때 나는 정말 훌륭한 생각이 났습니다!

"저기 선생님!" 내가 말했습니다.

"어쩌면 나와 엄마가 선생님네 집으로 쿠키를 가져다줄 수도 있을 거예요! 그리고 그래서 그러면 선생님이 어디에 사는지 내가 볼 수 있잖아요!"

선생님은 나의 머리를 헝클었습니다. "네가 우리 집으로 올 필요는 없단다, 주니 B. 그냥 월요일 아침에 학교로 쿠키를 가지고 오렴."

나는 정말 다정하게 미소를 지었습니다. "좋아요, 그렇지만 나는 아직도 선생님이 어디에 사는지 보고 싶어요." 내가 말했습니다.

그러자 선생님이 뒤돌아섰습니다. 그리고 그녀는 자신의 책상으로 걸어 돌아갔습니다.

그래서 내가 그녀를 따라가야 했던 것입니다.

"선생님은 비싼 종류의 집을 가지고 있어요? 아니면 평범한 종류의 집이에요?" 내가 그녀에게 물었습니다. "왜냐면 나는 그냥 평범한 종류의 집을 가지고 있거든요. 하지만 엄마는 비싼 종류를 원하죠. 그런데 아빠는 행운을 빌어 하고 말했어요."

선생님은 나의 의자를 가리켰습니다. 내 생각에, 그것은 앉으라는 의미인 것 같아요.

"알겠어요, 그런데 선생님도 선생님네 집에 사는 아빠가 있나요? 선생님의 지갑 안에 아빠의 사진이 있어요?

같이 거길 봐요, 네? 선생님도 지갑 안에 비밀 공간이 있나요? 왜냐면 밀러 할아버지는 지갑 안에 50달러가 들어 있는 그런 공간 하나를 가지고 있거든요. 단 할머니에게 말하면 안 돼요."

선생님은 내 손을 잡았습니다. 그러고 나서 나와 그녀는 내 책상으로 걸어 돌아왔습니다.

"좋아요, 하지만 내가 지금 뭐가 궁금한지 아세요? 지금 나는 선생님이 잠드는 시간이 언제인지 궁금해요. 왜냐면 내가 잠드는 시간은 짧은 바늘이 7에 있고, 그리고 긴 바늘이 6에 있을 때이거든요. 하지만 나는 그 바보 멍청이 같은 잠드는 시간을 싫어해요. 왜냐면 그때 나는 아직 피곤하지도 않단 말이에요. 당연히 그렇잖아요."

선생님은 그녀의 손가락을 자신의 입술에 갖다 댔습니다.

"그쯤 해 둬, 주니 B." 그녀가 말했습니다. "진심이야. 선생님은 이제 네가 진정했으면 해."

그러고 나서 그녀는 바로 교실 앞쪽으로 돌아갔습니다. 그리고 그녀는 나의 질문 중 어느 것에도 답하지 않았습니다.

왜 그런지 아세요?

선생님은 비밀스럽고 수수께끼 같은 사람이거든요. 그래서 그렇죠.

3장 비밀스럽고 수수께끼 같은 사람

나와 나의 가장 친한 친구인 그레이스는 함께 집으로 가는 버스를 탔습니다.

그때 나는 그녀에게 선생님과 그녀의 비밀스러운 집에 대해 말했습니다.

"선생님은 비밀스럽고 수수께끼 같은 사람이야." 내가 말했습니다. "왜냐면 선생님이 나의 질문 중 어느 것에도 답하지 않았기 때문이지. 그리고 그래서 지금 나는 선생님에 대한 호기심이 생겼어."

그 그레이스는 자신의 눈썹을 찌푸렸습니다. "나도 그래." 그녀가 말했습니다. "이제 나도 마찬가지로, 선생님에 대한 호기심이 생겼어."

나는 또 한 번 그녀를 토닥거렸습니다. "좋아, 그런데 정말 안됐네, 그레이스. 그래도 네가 나만큼이나 많이 호기심이 있을 순 없어. 왜냐면 내가 그걸 먼저 말했잖아, 기억하지?"

그 그레이스는 다시 내게 발끈 성을 냈습니다.

"어머나. 네 코는 여전히 쌕쌕거린다, 그레이스." 내가 말했습니다.

몇 분 후, 나는 버스에서 내렸습니다. 나는 마치 재빠른 로켓처럼 내 집으로 뛰어갔습니다.

"할머니! 할머니!" 나는 매우 신이 나서 소리쳤습니다. "나예요! 주니 B. 존스요! 나 학교 다녀왔어요!"

밀러 할머니(Grandma Miller)는 엄마가 회사에 있을 때면 나와 아기 올리를 돌봐 줍니다.

그녀는 부엌에서 올리에게 완두콩 이요식(sprained peas)을 먹이고 있었습니다.

"맞혀 봐요, 할머니! 무슨 일이 있었게요? 우리 선생님은 비밀스럽고 수수께끼 같은 사람이에요! 그리고 선생님은 내게 선생님이 어디에 사는지 말해 주지 않을 거예요. 하지만 나는 선생님네 집에 엄청나게 가고 싶어요!"

밀러 할머니는 내게 조용히 하라고 했습니다. "소리칠 필요는 없단다, 주니 B." 그녀가 말했습니다. "내가 바로 여기 있잖니."

"알아요, 하지만 나도 어쩔 수가 없어요, 할머니! 왜냐면 나는 선생님에 대한 호기심이 생겼단 말이에요."

밀러 할머니는 살짝 미소 지었습니다. "호기심이 고양이를 죽인다는 말이 있지, 너도 알다시피." 그녀가 말했습니다.

그러자 나의 입이 떡 벌어졌습니다. 그리고 내 눈도 매우 커졌어요.

"어떤 고양이요, 할머니? 호기심이 어디서 고양이를 죽였어요? 우리 학교 옆길에서였나요? 왜냐면 내가 우리 학교 옆길에서 납작해진 고양이를 봤거든요. 하지만 폴리 앨런 푸퍼(Paulie Allen Puffer)는 그 고양이가 아이스크림 트럭에 치인 것이라고 말했어요."

밀러 할머니는 아주 오랫동안 나를 쳐다봤습니다. 그런 다음 그녀는 싱크대로 갔습니다. 그리고 그녀는 아스피린 한 알을 먹었습니다.

바로 그때 나는 현관에서 나는 소리를 들었습니다.

그리고 그 소리는 이름하여 엄마가 퇴근하고 집에 왔다는 것입니다!

"엄마! 엄마! 나에게 선생님이 준 중요한('portant) 쪽지가 있어요. 왜냐면 엄마와 내가 맛있는 쿠키를 구울 것이기 때문이에요. 그리고 그러면 우리는 그 쿠키를 선생님네 집으로 가져가서 선생님이 어디에 사는지 볼 수 있어요!"

엄마가 그 쪽지를 읽었습니다.

"쪽지에는 학교로 쿠키를 가져오라고 쓰여 있구나, 주니 B. 너희 선생님 댁이 아니라."

"맞아요, 그런데 나는 이미 그걸 알고 있어요. 하지만 나의 선생님은 비밀스럽고 수수께끼 같은 사람이에요. 그리고 선생님은 내게 선생님이 어디에 사는지 말해 주지 않을 거란 말이에요. 그리고 그래서 엄마와 내가 직접 그곳을 찾아야만 해요."

엄마는 고개를 저었습니다. "절대 안 되지, 아가씨." 그녀가 말했습니다.

"절대 돼요!" 나는 소리쳤습니다. "우리는 꼭 그래야만 해요! 왜냐면 지금 내 마음속에 호기심이 있단 말이에요. 그리고 나는 선생님네 집이 어디인지를 찾아내야 해요. 그렇지 않으면 할머니는 내가 아이스크림 트럭에 치일 거라고 말했거든요."

그러자 엄마는 할머니를 보고 얼굴을 찌푸렸습니다. 그리고 할머니는 아스피린 한 알을 더 먹었습니다.

"너희 선생님은 비밀스럽고 수수께끼 같은 사람이 아니야, 주니 B." 엄마가 말했습니다. "선생님은 그저 평범한 사람이야. 평범한 가족이 있고. 그러니 너와 내가 선생님 댁에 가서 선생님을 괴롭힐 일은 결코 없을 거야."

나는 내 발을 쾅쾅 굴렀습니다. "우린 그렇게 할 거예요! 그렇게 할 거고 말고요! 왜냐면 내가 원하거든요, 그래서 그렇죠!"

그 후, 나는 내 방으로 보내졌습니다.

소리 지르기 금지 때문이래요. 그리고 발 쾅쾅 구르기 금지 때문이래요. 하지만 나는 전에 그런 바보 같은 규칙을 한 번도 들어 본 적이 없어요.

나는 매우 화가 나 방문을 쾅 닫았습

니다. 그다음 나는 내 베개 밑에 머리를 파묻었습니다. 그리고 나는 엄마를 얄미운 멍청이라고 욕했어요.

"그리고 또 이것도 아세요?" 나는 매우 조용히 말했습니다. "선생님들은 평범한 사람이 아니에요."

"바로 그거죠. 하하."

4장 쿠키 믹스와 다른 것들

다음 날은 토요일이었습니다.

토요일은 나와 나의 엄마가 슈퍼에 가는 날입니다.

나는 그곳에서 지켜야 할 규칙들이 있습니다.

예를 들면 아이스크림 사 주세요! 하며 소리 지르기 금지가 있지요.

그리고 엄마가 그것을 사 주지 않을 때 엄마를 엄청난 심술쟁이라고 욕하는 것 금지예요.

그리고 자신의 것이 아닌 마시멜로 한 봉지 먹기도 금지입니다.

그렇지 않으면 슈퍼 아저씨가 여러분에게서 그 봉지를 확 잡아챌 거예요. 그리고 그는 말하겠죠, 먹는 것은 훔치는 것과 같단다, 꼬마 아가씨.

그다음 그는 여러분을 엄마에게로 데려갑니다. 그러면 그녀는 한 봉지 전부를 계산해야만 합니다. 하지만 나는

이유를 모르겠습니다. 왜냐면 나는 그 부드러운 녀석들 중 딱 세 개만 먹었고 그게 다이기 때문이죠.

슈퍼에 있는 카트들은 그 안에 앉는 자리가 있습니다. 그곳은 아기들이 앉는 곳입니다. 하지만 나는 아니죠. 왜냐면 다 큰 숙녀들은 스스로 걷게 되니까요.

그리고 또 어떤 일이 있었는지 아세요? 한번은 엄마가 나더러 그 큰 카트 전체를 아무런 도움 없이 밀 수 있게 해 주었어요.

하지만 그때 선반에서 삶은 콩 몇 캔이 부딪혀 떨어졌습니다. 그리고 한 할머니는 나의 카트 바퀴에 그녀의 발이 끼기도 했습니다. 그리고 그래서 이제 나는 내가 더 클 때까지 기다려야 합니다.

내가 가장 좋아하는 코너는 쿠키가 있는 곳입니다. 그건 바로 가끔 그곳 탁자에 어떤 아주머니가 있기 때문이죠. 그리고 그녀는 나와 엄마에게 시식용 쿠키를 줍니다. 그리고 우리는 그것들에 돈을 낼 필요조차 없죠.

그것의 이름은 공짜입니다, 내 생각에는요.

그렇지만 나는 무척 아쉬웠습니다. 왜냐면 이번에는 그 아주머니가 거기에 없었기 때문입니다.

"에잇." 나는 아주 실망하여 말했습

니다. "공짜 아주머니가 없잖아."

엄마는 미소 지었습니다. "괜찮아. 우리가 집에 가면, 조부모님의 날을 위해 우리만의 쿠키를 구울 거잖니, 기억하지? 그거 재밌지 않겠어?" 그녀가 물었습니다.

나는 어깨를 위아래로 으쓱거렸습니다.

물론, 그것은 엄마가 나를 선생님네 집에 데려가지 않아서 내가 아직 화나 있었기 때문이죠.

"너는 어떤 종류의 쿠키 믹스를 원하니?" 엄마가 물었습니다.

나는 그녀에게 얼굴을 찌푸렸습니다. "나는 더 이상 쿠키를 굽고 싶지도 않아요." 내가 말했습니다. "왜냐면 그렇게 해도 엄마는 선생님이 사는 곳으로 나를 데려가지 않을 거잖아요."

엄마는 나의 머리를 헝클였습니다. "계속 화나 있다고 해서 상황이 바뀌지는 않을 거야, 주니 B." 그녀가 말했습니다. "이제 네가 쿠키 믹스를 골라 보겠니? 아니면 엄마가 할까?"

그러더니 엄마는 쿠키 믹스 몇 개를 골랐습니다. 그리고 그녀는 그것을 내게 건넸습니다. 그리고 나는 그것을 카트 안으로 아주 세게 던졌습니다.

"고맙구나." 엄마가 말했습니다.

"됐거든요." 내가 말했습니다.

그 후, 엄마는 나를 슈퍼 밖으로 데리고 나갔습니다. 그리고 나와 그녀는 잠깐 이야기를 나누었습니다.

잠깐 이야기를 나눈다는 것은 엄마가 나에게 화났을 때 하는 것입니다. 그리고 그녀는 너 도대체 뭐하는 애니, 아가씨? 하고 말합니다. 그리고 정확히(zactly) 얼마나 엄마가 너를 참아줄 수 있을 것이라 생각하니?라고 말했죠.

그러고 나면 나는 그녀에게 사가('pology)를 해야 합니다.

사가는 죄송해요라고 말하는 것입니다.

하지만 여러분이 정말로 진심일 필요는 없습니다. 왜냐면 아무도 그 차이를 알 수조차 없거든요.

잠깐 이야기를 나눈 후, 우리는 슈퍼로 돌아갔습니다.

"다시 해 볼까?" 엄마가 물었습니다.

그다음 그녀는 내게 다른 쿠키 믹스 상자를 건네주었습니다. 그리고 나는 그것을 카트 안에 아주 얌전하게 놓았습니다.

"그래 잘했어." 그녀가 말했습니다. "고맙구나."

됐거든요, 나는 머릿속으로 말했습니다.

그리고 나서 나는 혼자서만 웃었습니다. 왜냐면 엄마는 그 안에서 내가 말한 것을 들을 수도 없기 때문이죠.

그 후, 나와 엄마는 모퉁이를 돌았습니다. 그리고 나는 내가 세상에서 가장 제일 좋아하는 것을 보았습니다!

그리고 그것의 이름은 식수대입니다!

"엄마! 나 물 마시고 싶어요!" 내가 매우 신이 나서 말했습니다.

그다음 나는 바로 그쪽으로 뛰어갔습니다. 그리고 나는 작은 발판 위에 급히 올라갔습니다.

"도와줄까?" 엄마가 외쳤습니다.

"아니요." 내가 말했습니다. "왜냐면 나는 이제 거의 6살이니까요, 그게 이유예요. 그리고 그래서 나는 이 까다로운 녀석을 어떻게 작동시키는지도 이미 알고 있지요."

"그리고 여기 내가 아는 또 다른 게 있어요." 내가 말했습니다. "수도꼭지에 입 대기 금지예요. 그렇게 하지 않으면 세균이 몸속으로 들어올 거예요. 그리고 죽을 수 있어요."

나는 정말 뿌듯하게 웃었습니다. "폴리 앨런 푸퍼가 내게 그것을 말해 줬어요." 나는 설명했습니다.

그러고 나서 나는 식수대 쪽으로 머리를 숙였습니다. 그리고 나는 아주 오랫동안 물을 마셨습니다.

"서두르렴, 주니 B." 엄마가 말했습니다. "엄마는 장보기를 끝내야 하거든."

나는 팔로 내 입을 닦았습니다.

"좋아요. 그런데 나는 서두를 수가 없어요. 안 그랬다간 나는 배탈이 나서 물을 토할 수도 있거든요. 왜냐면 윌리엄(William)이라는 남자아이가 어제 운동장에서 그렇게 했거든요."

엄마는 그녀의 손목시계를 보았습니다. "좋아. 그럼, 엄마는 바로 여기 시리얼 코너에 있을게. 네가 물을 다 마시자마자, 곧바로 내게 돌아오렴."

"알겠어요." 나는 정말 행복하게 말했습니다.

그 후 나는 뒤로 돌아서서 물을 마시고 마시고 또 마셨습니다.

하지만 그다음에 나는 살짝 메스꺼움을 느끼기 시작했습니다. 그리고 그래서 나는 작은 발판 위에 앉아 내가 마신 물을 쉬게 해야 했습니다.

그때 슈퍼의 커다란 출입문이 열렸습니다.

그리고 무슨 일이 일어났는지 아세요?

내 눈이 머리에서 거의 튀어나올 뻔했죠, 바로 그거예요!

왜냐면 나는 엄청나게 충격적인 것을 봤거든요!

그리고 그것의 이름은 선생님이었습니다!

선생님이라는 이름을 가진 나의 진짜 선생님이 슈퍼에 있었습니다!!!

5장 메스꺼운 느낌

선생님은 나를 보지 못했습니다.

그것은 내가 식수대 뒤로 아주 잽싸게 숨었기 때문입니다.

그리고 그거 아세요?

그녀는 어떤 남자와 함께 있었습니다!

그리고 나는 그 남자를 전에 본 적도 없어요!

"이야! 저게 도대체 누구야?" 나는 혼잣말을 했습니다.

그다음 나는 시리얼 코너까지 전속력으로 달렸는데, 내가 본 것을 엄마에게 말하기 위해서였죠.

그런데 갑자기 나는 어떻게 그녀가 내게 스파이 놀이는 이제 그만이라고 말했는지 떠올랐습니다. 그리고 그래서 내 생각에, 어쩌면 내가 그녀에게 꾸지람을 들을 것 같았습니다.

그게 바로 내가 달리는 걸 멈추게 된 까닭입니다. 그리고 나는 선생님을 조금 더 엿보러 돌아가기 시작했습니다. 그러나 엄마가 벌써 나를 발견하고 말았습니다.

"얘! 너 어디로 가는 거니?" 그녀는 나를 향해 소리쳤습니다. "이리로 오렴."

"알겠어요, 그런데 나는 거기로 갈 수 없어요." 나는 설명했습니다. "왜냐면 내가 방금 정말 중요한 무언가를 기억해 냈거든요. 그리고 그건 바로— 내가 아직 물을 다 마시지 않았다는 거예요!"

그런 다음 나는 식수대를 향해 바로 다시 뛰어갔습니다. 하지만 선생님과 그 낯선 남자는 이미 사라지고 없었습니다.

"이런." 내가 말했습니다. "그 수상한 사람들이 어디로 간 거지?"

그 후 나는 그 사람들을 찾기 위해 슈퍼 곳곳을 돌아봐야 했습니다.

먼저, 나는 초콜릿 우유가 있는 곳을 보았습니다. 그리고 나서 나는 파스게티(pasketti)와 토마토 소스가 있는 곳을 살펴봤죠. 그리고 또 나는 맛있는 사탕이 있는 곳도 보았어요.

그런데 내가 결국 그 사람들을 어디에서 찾았는지 아세요?

역겹고 멍청한 야채 판매 코너에서였어요! 바로 그곳이었죠!

나는 빠르게 몸을 숙였고 모퉁이 주변에 숨었습니다.

그 후 나는 그들을 보며 살금살금 스파이 놀이를 했습니다.

나는 선생님이 구역질 나고 맛없는 브로클리(brockly)를 집는 것을 보았습니다.

그리고 역겨운 스튜가 되는 토마토도요.

그리고 또 애오박(Sue Keeny)이라는 종류의 야채도 집었습니다.

하지만 그때 그 낯선 남자가 그녀의 손에서 애오박을 잡아채 갔습니다. 그리고 그는 그것을 선반 위에 다시 올려두려 했어요.

그렇지만 선생님이 바로 다시 애오박을 집어 들었습니다. 그리고 그녀는 애오박으로 그 남자의 머리를 때리는 시늉을 했죠. 그리고 그다음 그 둘은 아주 많이 웃기 시작했습니다.

바로 그때 매우 끔찍한 일이 일어났습니다.

그리고 그것은 바로―선생님과 그 낯선 남자가 진한 뽀뽀를 했다는 것입니다!

그리고 모든 사람이 보는 앞에서 말이에요!

나는 내 눈을 가렸습니다. 그것은 물론, 내가 그녀를 부끄러워했기 때문이에요. 선생님은 그런 진한 뽀뽀를 해서는 안 되기 때문입니다!

그 후, 나는 내 두 눈으로 나의 손가락 사이를 엿보았습니다. 그리고 나는 선생님이 포도 판매대에 서 있는 것을 보았어요.

그녀는 청포도 한 송이를 집어 들었습니다. 그리고 나서 그녀는 그 윗부분에서 포도 몇 알을 뗐습니다.

그리고 바로 그 순간 가장 끔찍한 일이 일어났습니다!

왜냐면 바로 그때, 선생님이 그 포도를 자신의 입 안에 넣었기 때문입니다!

그리고 그녀는 그것을 먹었습니다!

선생님이 포도를 먹었습니다!

그리고 그녀는 그것을 계산조차 하지 않았어요!

"오 이런." 나는 혼란스러워서 속삭였습니다. "오 안 돼. 오 안 돼."

왜냐면 먹는 것은 훔치는 것과 같은 거잖아요, 기억하죠?

그리고 선생님들은 도둑질을 해서는 안 됩니다! 선생님들은 그것보다 더 완벽해야만 하죠! 왜냐면 그들은 어린이들에게 좋은 머범(zample)이 되어야 하니까요!

그 후 나는 뱃속이 아주 메스꺼워졌습니다.

선생님은 걸리지도 않았고 꾸중을 듣고 깨닫지도 않았기 때문입니다!

왜냐면 아무도 그녀가 한 일을 보지 못했으니까요!

슈퍼 아저씨도 못 봤습니다.

그 낯선 남자도 못 봤어요.

아무도요.

나를 빼고는 아무도 보지 못했습니다.

6장 꽉 다문 입술

나는 선생님을 고자질하지 않았습니다.

그것은 만약 내가 엄마에게 말한다면, 내가 스파이 놀이로 혼날 것이기 때문입니다.

그리고 만약 내가 슈퍼 아저씨에게 말한다면, 선생님이 감옥에 가야 할지도 모르니까요.

그리고 그래서 나는 그냥 그것을 내 머릿속 비밀로 해 두었습니다.

왜냐면 아무도 여러분의 머릿속에 있는 비밀을 볼 수 없거든요.

심지어 그들이 여러분의 귓속을 들여다보더라도요.

일요일에 밀러 할머니와 할아버지는 저녁을 먹으러 우리 집에 왔습니다. 하지만 나는 그들에게 그렇게 많이 말할 수 없었습니다.

그것은 비밀이 잘 미끄러져 나가기 때문입니다. 그리고 나는 그것이 내 입에서 실수로 빠져나가는 걸 원하지 않았습니다.

"오늘 저녁에는 왜 이렇게 조용하니, 주니 B.?" 밀러 할머니가 식탁에서 말했습니다. "고양이가 네 혀를 물어 갔니?"

내 입이 떡 벌어졌습니다.

"어떤 고양이요, 할머니? 그건 아이스크림 트럭에 치여 죽은 고양이와 같은 고양이예요? 어째서 그 고양이가 내 혀를 물어가려는 거죠? 그 고양이의 혀가 사고로 납작해진 건가요?"

밀러 할머니는 얼굴을 찌푸렸습니다. 그 후 그녀는 더 이상 로스트비프를 먹지 않았습니다.

엄마는 나에게 놀란 것처럼 보였습니다. "네가 확실히 갑자기 말이 많아졌구나. 이건 네가 더는 쿠키 문제로 화나지 않았다는 뜻이니?"

그리고 그래서 그때 나는 그만 말하기로 한 것이 다시 기억났습니다. 그렇지 않으면 내 비밀이 빠져나갈지도 모르니까요.

나는 내 입술을 아주 꽉 다물었습니다.

그리고 또 어떤 일이 있었는지 아세요? 심지어 다음 날에도—내가 학교로 가는 버스에 탔을 때도—나의 입술은 여전히 꽉 다물어져 있었습니다.

"안녕, 주니 B." 나의 가장 친한 친구 그레이스가 말했습니다.

나는 그녀에게 손을 흔들었습니다.

그 그레이스는 나를 보고 찡그렸습니다. "왜 너는 안녕이라고 말하지 않니? 너는 안녕이라고 말해야만 해. 그게 규칙이야."

하지만 나는 여전히 안녕이라고 말

하지 않았습니다.

그리고 그래서 그때 그녀는 나를 지독한 방귀쟁이라고 욕했습니다.

그리고 우리가 학교에 도착했을 때, 그 그레이스는 루실에게 내가 심술을 부리고 있다고 말했습니다. 그리고 그래서 그 둘은 자기들끼리만 말처럼 뛰놀았습니다.

그리고 나는 빼고요.

그래서 나는 결국 그들에게 아주 시끄럽게 어떤 노래를 불러야만 했던 것입니다.

"나는 비밀이 있어! 하-하하-하-하아아아-하아아." 내가 노래했습니다.

그 그레이스는 그녀의 두 손을 자신의 허리춤에 올려두었습니다.

"그래서?" 그녀는 말했습니다. "우리는 관심 없어. 그렇지, 루실?"

하지만 바로 그때 루실이 내게로 아주 재빠르게 달려왔습니다. 왜냐면 그녀는 관심이 있었던 거죠, 그래서 그렇습니다.

"네가 만약 내게 너의 비밀을 말해주면, 내가 너의 가장 친한 친구가 되어 줄게." 그녀가 말했습니다.

"좋아, 그런데 나는 그럴 수 없어, 루실." 나는 설명했습니다. "왜냐면 내가 만약 너에게 내 비밀을 말하면, 선생님에게 큰일이 날지도 모르거든. 그리고 그래서 나는 이 비밀을 내 머릿속에

간직해야만 해."

루실은 나를 보고 얼굴을 찌푸렸습니다.

"네 머릿속에 비밀을 간직하는 것은 좋지 않아, 주니 B." 그녀가 말했습니다. "우리 오빠가 머릿속에 비밀을 간직하는 건 그 안에 압력을 생기게 한다고 말했어. 그러면 곧 네 머리가 터지게 돼."

내 눈은 그녀를 보고 매우 커졌습니다.

"안 돼!" 나는 몹시 당황스러워 소리 질렀습니다.

그다음 나는 두 손으로 내 머리를 정말 꽉 움켜쥐었습니다. 그리고 나는 내가 할 수 있는 한 가장 빠르게 보건실로 달려갔습니다. 왜냐면 보건 선생님은 여러분의 머리를 한데 붙여 놓는 반창고를 가지고 있기 때문이죠, 내 생각에는요.

"내 머리가 터질 거예요! 내 머리가 터질 거라고요!" 나는 보건 선생님에게 소리쳤습니다.

그녀는 그녀의 책상에서 벌떡 일어나 서둘러 내게 왔습니다.

"무슨 일이니, 주니 B.? 너 심각한 두통이 있는 거니?" 그녀가 물었습니다.

"아니요. 나는 심각한 비밀이 있어요. 그건 우리 선생님에 관한 거예요. 그런데 나는 아무에게도 말할 수가 없

어요! 그리고 이제 내 머릿속엔 압력이 있어요. 그리고 나는 반창고가 필요해요. 안 그랬다간 머리가 터지고 말거니까요!"

보건 선생님은 내게 진정하라고 말했습니다. 그리고 나서 그녀는 내 머리에 반창고를 붙여 주었습니다. 그리고 나와 그녀는 교장실로 갔습니다.

교장 선생님은 학교의 대장입니다.

나와 그는 서로를 아주 잘 알고 있습니다.

그것은 내가 계속해서 그쪽으로 보내졌기 때문입니다. 그리고 그래서 이제 나는 그 사람이 무섭지도 않습니다.

교장 선생님은 나를 큰 나무 의자에 앉혔습니다.

"안녕, 주니 B." 그가 말했습니다. "오늘은 무슨 문제가 있니?"

"안녕하세요." 나는 대답했습니다. "내 머리가 터질 거예요."

교장 선생님은 나를 보고 그의 눈을 찡그렸습니다. "왜 그렇게 생각하니?" 그가 물었습니다.

나는 살짝 꼼지락거렸습니다. "왜냐면 내가 머릿속에 비밀을 간직하고 있거든요, 바로 그것 때문이죠." 내가 말했습니다.

교장 선생님은 그의 커다란 책상에 앉았습니다. 그는 자신의 손으로 깍지를 꼈습니다.

"혹시 네가 나에게 네 비밀을 말해 주면, 내가 너를 도와줄 수도 있단다." 그는 말했습니다.

"네, 그런데 나는 말 못 해요." 나는 그에게 말했습니다.

교장 선생님은 나에게 실망한 것 같았습니다. "그런데 나는 너와 내가 친구라고 생각했는데 말이야." 그가 말했습니다.

"우리는 친구죠." 내가 말했습니다. "나는 교장 선생님이 무섭지도 않은걸요."

교장 선생님은 빙그레 웃었습니다. "좋아. 그거 다행이구나." 그가 말했습니다. "그러면 무엇이 너를 괴롭히는지 내게 말해 주면 어떨까."

바로 그때 나는 그에게 씩씩댔습니다.

왜냐면 물론, 그 사람이 내 말을 듣지 않고 있었기 때문입니다.

"네, 하지만 나는 이미 내가 말할 수 없다고 했잖아요, 기억하세요? 왜냐면 내가 만약 말하면, 그러면 내가 우리 선생님이 슈퍼에서 포도를 훔쳤다고 교장 선생님에게 실수로 말할지도 모른단 말이에요. 그리고 그러면 선생님은 감옥에 가야 할지도 모르죠. 그리고 그래서 그러니까 내가 그것을 내 머릿속에 비밀로 간직해야 하는 거예요. 그리고 그게 다예요."

나는 내 치마를 매만졌습니다. "끝이에요." 내가 말했습니다.

그리고 나서 나는 내 입술을 아주 꽉 다물었습니다. 그렇지 않으면 내 비밀이 빠져나갈지도 모르니까요.

그런데 이거 아세요?

내 생각에 그건 이미 빠져나간 것 같아요.

7장 신 포도

교장 선생님은 선생님을 교장실로 불렀습니다.

하지만 나는 그가 그런 비겁한 짓을 할 줄은 몰랐습니다.

그래서 내가 나의 치마를 내 머리 위로 끌어당겨야 했던 것입니다. 그렇지 않으면 선생님이 내가 거기에 있는 것을 볼 테니까요. 그리고 그녀는 내가 그녀를 고자질했다는 사실을 알게 될 것입니다.

"그러지 말렴." 교장 선생님이 말했습니다.

"네, 그런데 나는 그래도 돼요." 나는 치마 아래에서 말했습니다. "왜냐면 나는 새로 산 빨간 스타킹을 신고 있거든요. 그리고 속바지도 입고 있죠."

그 후, 교장 선생님은 교장실에서 나갔습니다. 그리고 나는 문밖에서 나는 우리 선생님의 목소리를 들었습니다.

그러고 나서 나는 나의 큰 나무 의자에서 재빠르게 내려왔습니다. 그리고 난 교장 선생님의 커다란 책상 아래에 숨었습니다. 왜냐면 나는 어떤 일이 일어날지 두려웠거든요, 그래서 그랬습니다.

나는 오랫동안 조용히 있었습니다.

그다음 나는 교장실로 돌아오는 발소리를 들었습니다. 그리고 그래서 나는 내 숨을 매우 조용하게 만들었습니다.

"주니? 주니 B. 존스?" 교장 선생님이 말했습니다.

"주니 B.는 아마 숨어 있을 거예요." 선생님은 말했습니다. "주니 B.는 그걸 잘하거든요, 교장 선생님도 아시잖아요."

그리고 그래서 바로 그때 나는 무언가를 아주 재빨리 생각해야만 했습니다. 내 생각에는, 그렇지 않으면 그들이 나를 찾으러 올 것 같았으니까요.

"그렇다, 하지만 주니 B. 존스는 숨어 있지 않지." 나는 무시무시한 목소리로 말했습니다. "주니 B. 존스는 집에 가야만 했거든. 하지만 그 애 엄마에겐 전화하지 마. 안 그러면 그 애 엄마가 너희들에게 화가 나서 너희 머리를 깨 버릴 거니까."

그 후, 발들이 책상 주변을 정말 빠

르게 걸어 다녔습니다. 그것은 교장 선생님이었습니다.

"당장 거기서 나오렴, 꼬마 아가씨." 그가 말했습니다.

나는 두 눈으로 그를 슬쩍 엿보았습니다.

"이런." 나는 아주 조용히 말했습니다.

그다음 나는 그 큰 나무 의자에 다시 앉아야만 했습니다. 그리고 선생님은 내 옆에 앉았습니다. 하지만 나는 그녀를 보지 않았습니다. 그렇지 않으면 그녀가 나를 향해 주먹을 쥐어 보일지도 모르니까요.

"안녕, 주니 B." 그녀가 상냥한 목소리로 말했습니다.

나는 침을 꿀꺽 삼켰습니다.

"내 생각에 너와 내가 잠깐 이야기를 나눠야 할 것 같구나." 그녀가 말했습니다.

그때 내 눈은 살짝 촉촉해졌습니다. 왜냐면 잠깐 이야기를 한다는 건 내가 야단맞게 될 것이라는 뜻이니까요.

"좋아요, 그렇지만 나는 선생님을 고자질하지 않으려고 했어요." 나는 아주 재빨리 말했습니다. "왜냐면 나는 선생님이 포도를 훔쳐 먹은 것 때문에 감옥에 가는 것을 원하지 않았거든요. 그리고 그래서 나는 그것을 내 머릿속에 비밀로 간직했어요. 그리고 나는 말

하지 않았어요. 그랬더니 밀러 할머니는 죽은 고양이가 내 혀를 물어 갔다고 생각했어요."

"하지만 오늘 루실이 내 머리가 터질 것이라고 말했죠. 그리고 그래서 결국 내가 반창고를 받으러 보건 선생님에게 달려가게 된 거예요. 그리고 보건 선생님은 나를 교장 선생님에게로 데려갔어요. 그리고 그때 내 비밀이 실수로 나의 입에서 빠져나오게 된 거예요."

선생님은 화장지로 내 눈을 닦아 주었습니다.

"괜찮단다, 주니 B." 그녀는 말했습니다. "나는 너에게 화가 난 것이 아니야. 선생님은 그저 네가 슈퍼에서 선생님이 무엇을 하는 걸 봤는지 알고 싶을 뿐이란다. 네가 본 것을 내게 말해 줄 수 있겠니?"

그리고 나서 그녀는 정확-하게(egg-zactly)라는 말을 했습니다.

나는 매우 속삭이는 목소리로 말했습니다. "나는 정확-하게 선생님이 포도를 먹는 것을 봤어요." 내가 그녀에게 말했습니다. "하지만 선생님은 슈퍼 아저씨에게 포도를 계산하지 않았어요. 선생님은 그냥 포도를 선생님의 입에 넣고 먹어 버렸어요. 그리고 그건 제 생각에, 도둑질이라고 불리잖아요."

그 후 나는 또다시 나의 치마 밑으로

내 머리를 숨겼습니다.

"숨지 않아도 돼, 주니 B." 선생님이 말했습니다. "숨어야 하는 사람은 바로 *나야*. 포도를 먹은 사람은 *나잖니*."

나는 나의 치마 너머로 그녀를 살짝 보았습니다.

그러자 선생님은 살짝 미소 지었습니다. 그리고 그녀는 무슨 일이 있었는지 모두 설명해 주었습니다.

"2주 전에 선생님이 슈퍼에서 포도를 조금 샀단다." 그녀가 말했습니다. "그런데 내가 포도를 집에 가져왔을 때 나는 그것들이 너무 셔서 우리 가족 중 누구도 그 포도를 먹을 수 없다는 걸 알게 되었지."

"그래서 이번 주에—내 남편과 내가 다시 슈퍼에 갔을 때—나는 내가 포도를 사기 전에 현명하게 포도 몇 알을 맛보자고 생각했던 것이란다."

나는 나의 눈썹을 치켜올렸습니다. "그게 규칙인가요?" 나는 아주 조용히 물었습니다.

선생님은 그녀의 고개를 가로저었습니다.

"아니." 그녀가 말했습니다. "그건 규칙이 아니야. 선생님은 선생님의 신 포도에 관해 슈퍼 아저씨에게 말했어야 했어. 그리고 그다음 나는 그에게 내가 한두 알을 맛볼 수 있는지 물어봤어야 했지. 하지만 나는 그렇게 하지 않았

어. 그리고 네가 선생님이 포도를 계산하지 않고 먹는 것을 봤을 때 걱정이 되었던 것은 아주 당연한 거란다."

"그런가요?" 나는 물었습니다.

선생님은 다시 미소 지었습니다. "물론 그렇고말고." 그녀가 말했습니다. "그것은 네가 옳고 그름을 구분할 수 있다는 것을 보여 준단다. 그리고 그것은 또한 선생님들도 다른 모든 사람처럼 실수한다는 것을 보여 주는 거야. 선생님들은 완벽하지 않아, 주니 B. 그 누구도 완벽하지 않지."

그 후 나는 속으로 안심이 되었습니다. 왜냐면 더는 비밀이 없거든요, 바로 그것 때문입니다.

"네, 그리고 또 내가 무엇을 보았는지 아세요?" 나는 아주 행복하게 말했습니다. "나는 선생님하고 선생님의 낯선 남자가 진한 뽀뽀를 하는 것을 봤어요. 그리고 그것은 바로 모든 사람이 보는 앞에서였죠! 하지만 선생님은 내가 선생님을 훔쳐보고 있다는 걸 전혀 몰랐어요! 왜냐면 나는 사실 그렇게 살금살금 돌아다니는 짓을 하면 안 되거든요. 그렇지만 우리 엄마는 결코 발견하지 못했어요!"

나는 내가 몹시 자랑스러워 미소 지었습니다.

하지만 선생님은 똑같이 웃어 주지 않았어요.

그리고 마찬가지로, 교장 선생님도 똑같이 웃어 주지 않았죠.

그 이유가 뭔지 아세요?

또 다른 비밀이 방금 빠져나왔거든요.

바로 그것 때문입니다.

8장 조부모님의 날

선생님은 9반으로 돌아갔습니다. 그것은 물론, 학교 유치부를 시작하는 종이 울렸기 때문입니다.

하지만 교장 선생님은 나도 가게 하지 않았습니다.

그는 내 나무 의자에 계속 앉아 있으라고 말했습니다.

그리고 나서 그는 엄마에게 전화를 걸었습니다. 그리고 그는 그녀에게 슈퍼에서의 일에 대해 전부 말했습니다. 그리고 또 나의 살금살금 스파이 놀이에 관해서도요.

교장 선생님은 고자질쟁이입니다.

그 후, 엄마는 나와 이야기하고 싶다고 말했습니다. 그런데 내가 여보세요 했을 때, 그녀는 여보세요 하며 대답하지도 않았습니다.

엄마는 너 때문에 기분이 좋지 않구나, 아가씨 하고 말했습니다. 그리고 스파이 놀이는 그만이라는 말은 스파이 놀이를 그만하라는 말이라고 말했어요. 그리고 엄마가 퇴근한 후에 우리는 이 일에 관해 이야기하게 될 거라고 했죠.

그리고 나서 엄마는 그녀가 다시는 교장 선생님으로부터 더 이상 전화를 받고 싶지 않다고 말했습니다. 너 이해했어? 이해했어? 이해한 거니?

나는 교장 선생님을 바라보았습니다.

"엄마가 더는 엄마에게 전화 걸지 말라고 했어요." 나는 그에게 말했습니다.

그러자 엄마는 수화기 너머로 크게 앓는 소리를 냈습니다. 하지만 나는 그 이유를 모르겠어요.

그 후, 나와 엄마는 전화를 끊었습니다. 그리고 교장 선생님은 내게 9반에 가도 된다고 말했습니다. 그리고 그래서 나는 재빠르게 그곳으로 달려갔습니다.

하지만 내게는 안타까운 일이었습니다. 왜냐면 내가 "나의 조국 이거슨... 달콤한 좌유의 땅(My Country Tizzy Thee . . . Sweet Land of Liver Free)"을 부르기에는 너무 늦게 그곳에 도착했기 때문입니다. 그것은 내가 가장 좋아하는 국가인데 말이죠.

그리고 그래서 나는 그냥 내 책상에 앉아야 했고, 그리고 그것이 다였죠.

나는 루실에게 나의 반창고를 보여주었습니다.

"보이지? 내 머리는 터지지 않았어." 나는 아주 행복하게 말했습니다.

"그것 참 안됐네." 짐(Jim)이라는 못된 남자아이가 말했습니다.

나는 그를 향해 주먹을 쥐어 보였습니다.

그다음 나와 그는 한바탕 실랑이를 벌였습니다.

실랑이는 내가 실수로 그의 셔츠를 찢었다는 뜻으로 학교에서 쓰는 말입니다.

그런데 그거 아세요? 나는 심지어 혼나지도 않았어요!

왜냐면 바로 그때 조부모님의 날을 위해 할아버지 할머니들이 9반에 들어왔기 때문이죠!

"야! 저기 우리 할아버지야! 저기 우리 할아버지라고!" 나는 매우 신이 나서 소리 질렀습니다. "우리 할아버지는 대머리인 할아버지야!"

"우리 할아버지도!" 샬럿(Charlotte)이라는 이름의 여자아이가 말했습니다.

"우리 할아버지도!" 리카도(Ricardo)라는 이름의 내 남자친구가 말했습니다.

그다음 금발의 할머니가 들어왔습니다. 그리고 그녀는 기다란 빨간색 손톱을 가지고 있었습니다. 그리고 보석이 박힌 달랑거리는 귀걸이를 하고 있었습니다.

"저기 우리 할머니야!" 루실이 말했습니다.

나는 그녀를 보고 미소 지었습니다. "네 할머니는 엄청난 부자처럼 보이네, 루실." 내가 말했습니다.

그 후, 또 다른 할머니가 들어왔습니다. 그리고 그녀는 내가 싫어하는 짐 그 녀석에게로 달려갔습니다. 그리고 그녀는 그를 아주 세게 껴안아 주려 했습니다.

하지만 그 못된 짐 녀석은 거기에 계속해서 서 있기만 했습니다. 그리고 그는 그녀를 똑같이 껴안아 주지도 않았습니다.

나는 그녀를 톡톡 쳤습니다.

"내가 할머니를 안아 줄게요." 내가 말했습니다.

그리고 그래서 그다음 나와 그녀는 아주 꼭 껴안았습니다.

"나는 할머니의 손자가 정말 싫어요." 나는 아주 다정하게 말했습니다.

바로 그때 선생님이 큰 소리로 손뼉을 쳤습니다. 그리고 그녀는 할아버지 할머니들을 교실의 뒤쪽에 앉게 했습니다.

그리고 나서 아이들은 우리가 9반에서 하는 것들에 대해 모두 말했습니다.

"여기는 재미있어요." 나의 가장 친

한 친구인, 그 그레이스가 말했습니다.

"우리는 숫자 세는 법을 배워요. 그리고 읽는 법도요. 그리고 우리가 화장실에 갔다 온 후에 우리의 손을 씻는 법도요."

"그리고 우리는 쉬는 시간과 간식과 미술을 배워요." 리카도가 말했습니다.

"미술은 내가 가장 좋아하는 거예요." 내가 외쳤습니다. "하지만 내 그림은 걸리지 않았어요. 왜냐면 내가 말을 그렸거든요. 그런데 말의 머리가 마치 뚱뚱한 소시지처럼 되었어요. 그리고 그래서 나는 그 그림을 찢어서 내 신발로 쿵쿵 밟아야만 했어요."

그 후 그 못된 짐 녀석은 나를 쳐다보며 그의 손가락을 머리 옆에서 빙빙 돌렸습니다.

그리고 그것은 바로 모든 할아버지 할머니들 앞에서였습니다!

"좋아, 하지만 누구든지 실수를 한다고!" 내가 말했습니다. "그렇죠, 선생님? 그렇죠? 왜냐면 토요일에 선생님이 슈퍼에서 낯선 남자와 뽀뽀를 했잖아요. 그리고 그때 선생님은 포도 한 송이를 훔쳤고요. 그리고 그러니까 심지어 선생님들도 실수하는 거잖아요. 맞죠?"

선생님의 얼굴이 이상해졌습니다. 그다음 그녀의 피부가 발그레한 색깔로 변했습니다. 그리고 그녀의 목소리는 어떤 말도 할 수 없었습니다.

"어째서 아무 말도 안 하는 거예요, 선생님?" 내가 외쳤습니다. "죽은 고양이가 선생님의 혀를 물어 갔나요?"

바로 그때 밀러 할머니가 교실 뒤쪽에서 큰 웃음소리를 냈습니다.

그리고 나서 마찬가지로, 나는 우리 할아버지의 웃음소리도 들었어요.

그리고 얼마 지나지 않아, 많은 다른 할아버지 할머니들도 웃고 또 웃었습니다.

"이야! 여기 행복해 보여요!" 내가 소리쳤습니다.

그 후, 선생님은 더 이상 발그레해 보이지 않았습니다.

그다음 우리는 다과를 가져왔습니다. 그리고 밀러 할머니는 내가 접시 위에 나의 쿠키를 올려놓는 것을 도와주었습니다.

선생님은 9반에 경지('nouncement)를 했습니다. 그리고 그녀는 아이들에게 쿠키는 각각 두 개씩이라고 말했습니다.

하지만 나는 맛있는 초콜릿 쿠키를 네 개나 먹었어요. 그리고 아무도 나를 보지 못했죠!

그런데 그것은 도둑질이라고 불리지 않습니다.

그것은 덤이라고 하죠.

다가를 먹은 후, 할아버지 할머니들
은 그들의 집으로 돌아가야만 했습니
다.

그리고 그래서 나는 나의 할머니와
할아버지를 아주 많이 껴안았습니다.

그리고 그다음 나는 그 못된 짐 녀석
의 할머니도 안아 주었습니다.

그리고 또 루실의 부자 할머니도요.

"귀걸이 너무 예뻐요." 내가 말했습
니다.

그때 선생님이 내가 아주 예의 바르
게 행동하는 것을 보았습니다. 그리고
그녀는 나를 보고 아주 상냥하게 웃어
주었습니다.

선생님은 새하얀 이를 가지고 있습
니다.

그것들은 꼭 밀러 할아버지의 이와
똑같습니다. 하지만 내 생각에, 선생님
의 이는 튀어나오지 않을 것 같습니다.

그렇지만 내가 확실히 확신하는 것
은 아닙니다.

그리고 또 그거 아세요?

나는 여전히 그녀의 빨래 바구니 안
에 숨을 수 있었으면 좋겠습니다.

바로 그거예요.

Chapter 1

1. A I wish Mrs. lived next door to me. Then me and her would be neighbors. And bestest friends. And also I could spy on her.

2. B Spying is when you be very quiet. And you look at people through a peeky hole or a crack or something. I am a very good spier. That's because I have sneaky feet. And my nose doesn't whistle when I breathe.

3. A I popped right out of the hamper! "HEY! GRAMPA! HOW DID YOU DO THAT CRAZY THING!" hollered. Then my grampa screamed very loud. And he runned out of the bathroom speedy quick.

4. D And I shouted, "WAKE UP!" in his ear. And guess what? Ollie opened his eyes, that's what! Then he started crying very loud. And Mother runned into his room. Only she didn't even see me! 'Cause I quick hided in the closet!

5. C That Grace smiled. "I'm good at spying, too," she said. I patted her. "Yeah, only too bad, Grace. But you can't be as good as me. 'Cause I said it first." That Grace did a mad breath at me. It is called a huffy, I think. "I heard your nose whistle, Grace," I told her.

Chapter 2

1. C "Shh," said Lucille. "We can't talk or else we'll get in trouble. And anyway, you're not allowed to know where she lives. 'Cause it's a secret." "Says who?" I asked. "Says my brother, that's who. And he's in third grade. And he says teachers have to keep their house a secret. Or else kids might go there and throw rotten tomatoes."

2. D "Yes," I said. "Only I keep on forgetting how come those guys are coming to this place." Then Mrs. explained to me all about Grandparents' Day again. She said our grandparents are coming for a visit. And we get to show them Room Nine. And also we get to have 'freshments together.

3. B Just then I got a very great idea! "Hey!" I said. "Maybe me and Mother can bring the cookies to your house! And so then I can see where you live!"

4. A "Yeah, only do you have a daddy that lives at your house, too? Are there

any pictures of him in your wallet? Let's look in there, okay? Do you have a secret compartment in it? 'Cause my grampa Miller has one of those things with fifty bucks in it. Only don't tell Grandma." Mrs. took my hand. Then me and her walked back to my table. "Yeah, only guess what I'm wondering now? Now I'm wondering what your bedtime is. 'Cause my bedtime is when the little hand is at the seven, and the big hand is at the six. Only I hate that dumb stupid bedtime. 'Cause I'm not even tired yet, of course."

5. D Mrs. put her finger up to her lips. "That's enough, Junie B.," she said. "I mean it. I want you to settle down now." Then she went right back to the front of the room. And she didn't answer any of my questions.

Chapter 3

1. A A few minutes later, I got off the bus. I runned to my house like a speedy rocket. "GRANDMA! GRANDMA!" I shouted very excited. "IT'S ME! IT'S JUNIE B. JONES! I'M HOME FROM MY SCHOOL!" Grandma Miller babysits me and baby Ollie when Mother is at work.

2. C Grandma Miller did a little smile. "Curiosity killed the cat, you know," she said. Then my mouth went open. And my eyes got very big too. "What cat, Grandma? Where did the curiosity kill it? Was it in the street by my school? 'Cause I saw a squished cat in the street by my school. Only Paulie Allen Puffer said it got runned over by the ice cream truck."

3. D Mother read the note. "The note says to take the cookies to school, Junie B. Not to your teacher's house."

4. C "Yes way!" I hollered. "We have to! 'Cause now I've got curiosity in me. And I have to find out where her house is. Or else Grandma said I'm gonna get runned over by an ice cream truck."

5. B "Your teacher is not a secret mystery guy, Junie B.," said Mother. "She's just a regular person. With a regular family. And there's no way that you and I are going to bother her at her house."

Chapter 4

1. **B** I have rules at that place. Like no hollering the words I WANT ICE CREAM! And no calling Mother the name of big meanie when she won't buy it. And no eating a bag of marshmallows that doesn't belong to you. Or else the store guy yanks it away from you. And he says, Eating is the same thing as stealing, young lady.

2. **C** Then Mother picked out some cookie mix. And she gave it to me. And I throwed it in the cart very hard. "Thank you," said Mother. "You're not welcome," I said.

3. **A** A 'pology is the words I'm sorry. Except for you don't actually have to mean it. 'Cause nobody can even tell the difference.

4. **D** Then I bended my head over the fountain. And I drank for a very long time. "Hurry up, Junie B.," said Mother. "I need to get the shopping done." I wiped my mouth off with my arm. "Yeah, only I can't hurry up. Or else I might get a stomachache and spit up water. 'Cause a boy named William did that on the playground yesterday."

5. **D** Then I turned around and drinked and drinked and drinked. Except for then I started feeling a little bit sickish. And so I had to sit down on the little step and rest my water. That's when the big front doors of the grocery store opened. And guess what? My eyes almost popped out of my head, that's what! 'Cause I saw a big shock! And its name was Mrs.! My real live teacher named Mrs. was at the grocery store!!!

Chapter 5

1. **C** Then I runned my fastest to the cereal aisle, to tell Mother what I saw. Only all of a sudden I remembered about how she told me no more spying. And so maybe I might get in trouble with her, I think. That's how come I stopped running.

2. **B** But Mother already spotted me. "Hey! Where are you going?" she called at me. "Come here." "Yeah, only I can't come there," I explained. "'Cause I

just remembered something very important. And it's called—I'm not done drinking yet!"

3. D That's when a very terrible thing happened. And it's called—Mrs. and the strange man did a big smoochie kiss! And it was in front of the whole entire everybody! I covered my eyes. That's 'cause I was shamed of her, of course. On account of teachers shouldn't do that smoochie thing!

4. A After that, I peeked my eyes between my fingers. And I saw Mrs. standing at the grapes. She picked up a bunch of the green kind. Then she pulled some grapes right off the top of it. And that's when the most terriblest thing of all happened! Because just then, Mrs. put the grapes in her mouth! And she ATE them! Mrs. ATE the GRAPES! And she didn't even PAY for them!

5. C "Oh no," I whispered very upset. "Oh no. Oh no." 'Cause eating is the same thing as stealing, remember? And teachers aren't supposed to do stealing! Teachers are supposed to be perfecter than that! 'Cause they have to set a good zample for little children!

Chapter 6

1. D On Sunday Grandma and Grampa Miller came to our house for dinner. Only I couldn't talk to them that much. That's because secrets are very slippery. And I didn't want it to slip out of my mouth by accident.

2. A And when we got to school, that Grace told Lucille I was being a meanie. And so those two played horses all by theirselves. And not me. That's how come I finally had to sing something very loud at them. "I'VE GOT A SECRET! HA-HAHAHA-HAAAA-HAAA," I sang.

3. A Lucille did a frown at me. "It's not good to keep secrets inside your head, Junie B.," she said. "My brother says keeping secrets inside your head makes pressure in there. And pretty soon your head blows up."

4. C "What's wrong, Junie B.? Do you have a bad headache?" she asked. "No. I have a bad secret. It's about Mrs. Only I can't tell anybody! And now there's pressure in my head. And I need a Band-Aid. Or else it's gonna splode!" The

nurse said calm down to me. Then she put a Band-Aid on my head. And me and her went to Principal's office.

5. B   Principal did a chuckle. "Good. That's good," he said. "Then why don't you tell me what's bothering you." That's when I did a huffy breath at him. 'Cause the guy wasn't listening to me, of course. "Yeah, only I already said I can't talk, remember that? 'Cause if I talk, then I might accidentally tell you that my teacher stoled grapes at the grocery store. And then she might have to go to jail. And so that's how come I just have to keep it a secret inside my head. And that's all."

Chapter 7

1. B   "Junie? Junie B. Jones?" said Principal. "She might be hiding," said Mrs. "She's good at that, you know." And so just then I had to think of something very quick. Or else they might come looking for me, I think. "Yeah, only Junie B. Jones isn't hiding," I said in a scary voice. "Junie B. Jones had to go home. Only don't call her mother. Or else she will get mad at you and crack your head open."

2. B   "It's okay, Junie B.," she said. "I'm not angry at you. I just need to know what you saw me do at the grocery store. Can you tell me what you saw?"

3. C   "Two weeks ago I bought some grapes at the grocery store," she said. "But when I got them home I discovered they were so sour no one in my family would eat them. "So this week—when my husband and I went back to the store—I thought I'd be smart and taste a couple of grapes before I bought them."

4. B   "No," she said. "That's not the rules. I should have told the grocery man about my sour grapes. And then I should have asked him if I could sample one or two. But I didn't do that. And it was right of you to worry when you saw me eating them without paying for them." "It was?" I asked. Mrs. smiled again. "Of course it was," she said. "It shows you know right from wrong. And it also shows that teachers make mistakes just like everybody else. Teachers aren't

perfect, Junie B. No one is perfect."

5. D "Yeah, and guess what else I saw?" I said very happy. "I saw you and your strange man do a big smoochie kiss. And it was right in front of the whole entire everybody! Only you didn't even know I was spying on you! 'Cause I'm not actually allowed to do that sneaky thing. Only my mother never even finded out!" I smiled very proud of myself. Except for Mrs. didn't smile back. And Principal didn't smile back, too. 'Cause guess why? Another secret just slipped out. That's why.

Chapter 8

1. D After that, Mother said she wanted to talk to me. Only when I said hi, she didn't even say hi back. She said she wasn't very happy with me, missy. And no more spying means no more spying. And we would talk about this after her work. Then Mother said she never wants to get any more phone calls from Principal. Did I understand? Did I? Did I?

2. B After that, another grandma came in. And she runned over to that Jim I hate. And she tried to hug him very tight. Only that mean Jim just kept on standing there. And he didn't even hug her back. I tapped on her. "I will hug you," I said. And so then me and her hugged real tight.

3. D Then the children talked all about what we do in Room Nine. "It is fun here," said my bestest friend, that Grace. "We learn to count. And to read. And to wash our hands after we go to the bathroom." "And we learn recess and snacks and art," said Ricardo.

4. C "Yeah, only everybody makes mistakes!" I said. "Right, Mrs.? Right? 'Cause on Saturday you kissed a strange man at the grocery store. And then you stoled a bunch of grapes. And so even teachers make mistakes. Right?"

5. A Mrs.'s face went funny. Then her skin turned the color of reddish. And her voice couldn't say any words. "How come you're not talking, Mrs.?" I hollered out. "Does the dead cat got your tongue?" Just then Grandma Miller made a loud laugh in the back of the room. Then I heard my grampa laugh, too. And

pretty soon, lots of other grandparents were laughing and laughing.

주니 B. 존스와 살금살금 스파이 놀이
(Junie B. Jones and Some Sneaky Peeky Spying)

초판 발행   2021년 12월 3일

지은이   Barbara Park
편집   유아름 정소이
콘텐츠제작및감수   롱테일북스 편집부
번역   기나현
저작권   김보경
마케팅   김보미 정경훈

기획   김승규
펴낸이   이수영
펴낸곳   롱테일북스
출판등록   제2015-000191호
주소   04033 서울특별시 마포구 양화로 113(서교동) 3층
전자메일   helper@longtailbooks.co.kr
(학원·학교에서 본 도서를 교재로 사용하길 원하시는 경우 전자메일로 문의주시면
자세한 안내를 받으실 수 있습니다.)

ISBN 979-11-91343-11-3 14740